Wolfgang Salomon

Wien abseits der Pfade
Band I

WOLFGANG SALOMON

Wien

ABSEITS DER PFADE

Eine etwas andere Reise
durch die Stadt an der blauen Donau

Band I

braumüller

Spezieller Dank an Andreas Schinko und die vielen fleißigen Hände vom Braumüller Verlag, die an diesem Buch beteiligt waren.

Bibliografische Information der Deutschen Nationalbibliothek
Die Deutsche Nationalbibliothek verzeichnet diese Publikation in der Deutschen Nationalbibliografie – detaillierte bibliografische Daten sind im Internet über http://dnb.d-nb.de abrufbar.

Printed in Austria

Alle Rechte, insbesondere das Recht der Vervielfältigung und Verbreitung sowie der Übersetzung, vorbehalten. Kein Teil des Werkes darf in irgendeiner Form (durch Fotokopie, Mikrofilm oder ein anderes Verfahren) ohne schriftliche Genehmigung des Verlages reproduziert oder unter Verwendung elektronischer Systeme gespeichert, verarbeitet, vervielfältigt oder verbreitet werden.

1. Auflage 2014

© 2014 by Braumüller GmbH
Servitengasse 5, A–1090 Wien
www.braumueller.at

Fotos: Wolfgang Salomon
Karte S. 8–9: wikicommons / TUBS (CC BY-SA 3.0)
Lektorat: Andreas Schinko
Druck: Druckerei Theiss GmbH, A-9431 St. Stefan im Lavanttal
ISBN 978-3-99100-116-4

*Für Kaiserin Michaela
und Infantin Charlotte*

„Viele Straßen sind zu wandeln,
ob es dunkel oder licht.
Sie werden sich verwandeln,
oder auch nicht…"

– Hansi Lang, *Metropolis*

„Weanerisch is klass …"

– Malformation

Inhalt

- 10 Zum Geleit
- 13 Das „Dörfel" am Rande der Stadt und doch noch in der Stadt Von närrischen Pfaffen, Türkenbelagerungen und einem wortgewaltigen Friulaner als Retter Wiens
- 37 Die Pluhar, die Mell und der Tod Kahlenbergerdorf-Friedhof revisited
- 49 Nektar vom Himmel Hildegard und die Bienen
- 69 Transdanubisch Lebenslust in Floridsdorf
- 83 Volxkino Cineastisches unterm Sternenhimmel
- 99 Das Grauen wohnt auf der Mazzesinsel Das Wiener Kriminalmuseum in der Leopoldstadt und ein Gespräch mit dem Ausbrecherkönig Adolf Schandl
- 119 Das Gänsehäufel Von der Seele Wiens an der Alten Donau und von einem Tauchpionier, der von hier aus die Meere der Welt eroberte
- 155 Der Robert und der Donaustrom Vom Krandaubeln und von der Wiener Gemütlichkeit
- 177 Der Fiaker-Willi Vom Zentralfriedhof zum Michaelerplatz
- 197 Glossar

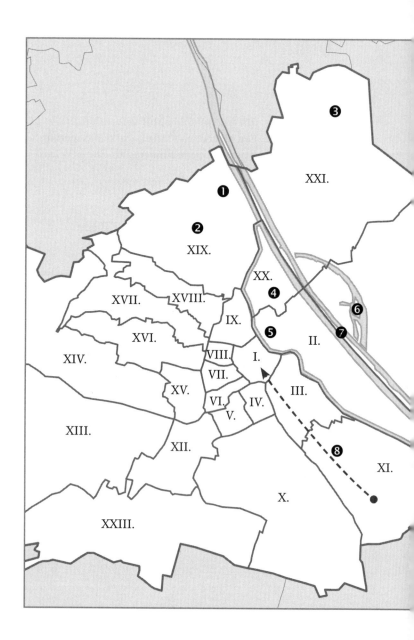

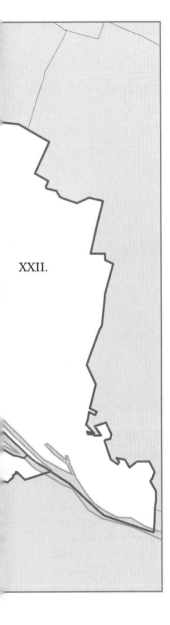

Schauplätze

❶ *Das „Dörfel" am Rande der Stadt und doch noch in der Stadt*
❷ *Nektar vom Himmel*
❸ *Transdanubisch*
❹ *Gasthaus Kopp*
❺ *Das Grauen wohnt auf der Mazzesinsel*
❻ *Das Gänsehäufel*
❼ *Der Robert und der Donaustrom*
❽ *Der Fiaker-Willi*

Bezirke

   I. Innere Stadt
  II. Leopoldstadt
 III. Landstraße
  IV. Wieden
   V. Margareten
  VI. Mariahilf
 VII. Neubau
VIII. Josefstadt
  IX. Alsergrund
   X. Favoriten
  XI. Simmering
 XII. Meidling
XIII. Hietzing
 XIV. Penzing
  XV. Rudolfsheim-Fünfhaus
 XVI. Ottakring
XVII. Hernals
XVIII. Währing
 XIX. Döbling
  XX. Brigittenau
 XXI. Floridsdorf
XXII. Donaustadt
XXIII. Liesing

Zum Geleit

„Wann's unhamlich spät in da Nocht is,
wann ollas schloft und nur du mehr woch bist,
wann's da dei Hirn zermarterst
und zerfetzt
und plötzlich draufkummst,
du host di grenzenlos überschätzt,
dann host es g'schofft, dann host wos g'mocht,
dann host a großes Werk vollbrocht."
– Wolfgang Ambros, *A großes Werk*

Sehr viel hat sich getan in den letzten Jahrzehnten in unserer ehemals verschlafenen, goldenen Wienerstadt. Aus dem grauen und tristen Wien meiner Kindheit und Jugend wurde quasi über Nacht eine multikulturelle, hochmoderne Millionenstadt, die zu einem beliebten Reiseziel von Touristen aus aller Welt avancierte und die aufgrund ihrer Gemütlichkeit und ihrer schrulligen Einwohner scheinbar von allen Besuchern geschätzt und verehrt wird. Auch wenn viele Menschen aus fernen Kontinenten nach wie vor dem Irrglauben verhaftet sind, dass wir den ganzen Tag in Trachtenlederhose und Dirndl, fiakerfahrend und mozartkugelverschlingend im Dreivierteltakt durch unsere Stadt tanzen, legt die sich unermüdlich weiterentwickelnde Stadt mittlerweile in manchen Belangen ein Tempo vor, das dem der Weltmetropolen London, Paris, Kairo oder New York um nichts nachsteht. Mit einem großen Unterschied: Wien hat gerade einmal rund zwei Millionen Einwohner und wirkt aufgrund seiner bescheidenen Größe im Vergleich zu den oben genannten Städten in vieler Hinsicht immer noch dörflich. Und genau diese „Dörflichkeit" macht den Charme unserer Stadt aus. Auch wenn wir uns manchmal mit sinnentleerten Vorgaben aus Brüssel herumschlagen müssen, die oft sehr weit an der Realität unseres Alltages vorbeigehen, und einen gerade in den letzten Jahren durch die alles dominierende Globalisierung das Gefühl beschleicht, langsam von Individuen zu austauschbaren Nummern zu werden, so haben wir es uns in vielen Belangen (noch) nicht nehmen lassen, unsere Eigenheiten beizubehalten. Glücklicherweise gibt es die Ecken noch, an denen man das ursprüngliche und romantische Wien entdecken kann, so man sehenden Auges durch die Stadt geht. Auch wenn der Großteil der Wienbesucher über den ersten Bezirk und das Stadtzentrum kaum hinauskommt, ausgenommen natürlich die Pflichtvisiten in Schönbrunn und im Wiener Prater, so hat Wien doch viel mehr zu bieten als die romantischen, verwinkelten Gässchen in seinem Zentrum. *Wien abseits der Pfade* ist aufgrund der Größe der Stadt auf zwei Bände aufgeteilt. Der erste Band führt durch den Norden und Osten der Stadt, entlang der Donau und des Donaukanals und von der Peripherie des 11. Bezirks bis ins Zentrum. Band II setzt sich mit der Inneren Stadt sowie den angrenzenden südlichen und westlichen Bezirken auseinander.

Lassen Sie sich nun in die „Langsamkeit des Seins" fallen und auf den folgenden Seiten in ein entschleunigtes Wien entführen, das von Originalen, Charakteren und wunderbaren Plätzen nur so zu wimmeln scheint und von dem schon Gustav Mahler sagte: „Wenn die Welt einmal untergehen sollte, ziehe ich nach Wien, denn dort passiert alles fünfzig Jahre später."

„Ich lauf die Straße lang
und denk, was wird da kommen,
seh jedes Haus mir an.
Wo werd ich wohl ankommen!"
– Hansi Lang, *Ich werde sehen*

„Bis zum Himalaya
mechat i mit dir gehn …"
– Tom Pettings Herzattacken, *Bis zum Himalaya*

Das „Dörfel" am Rande der Stadt und doch noch in der Stadt

Von närrischen Pfaffen, Türkenbelagerungen und einem wortgewaltigen Friulaner als Retter Wiens

Das Kahlenbergerdorf am Rande Wiens

Verlässt man Wien in Richtung Klosterneuburg über die Heiligenstädter Straße, passiert man kurz vor der Stadtgrenze das Kahlenbergerdörfel, das vielen Wienbesuchern, aber auch etlichen Wienern traurigerweise nur von der Durchfahrt her bekannt ist. Trennen doch die wichtige, seit 1971 in dieser Form bestehende Verkehrsader sowie die parallel verlaufende Bahnlinie der ehemaligen Franz-Josefs-Bahn (heute verkehren hier die Schnellbahn und Züge nach Klosterneuburg und Tulln) den unteren Teil der Ortschaft mit dem Kuchelauer Bootshafen von dem kleinen „Dörfel", das sich am nördlichsten Zipfel von Wien (am rechten Ufer der Donau) in die Mulde zweier zusammenlaufender kleiner Täler einschmiegt. Gleich zwei Bäche, der Schablerbach und der Waldbach, fließen durch die Ortschaft und münden in die Donau. An diesem geologisch sehr außergewöhnlichen Standort mit seinem vor allem den Weinbau begünstigenden, ganz eigenen Mikroklima sind die letzten Ausläufer der Ostalpen zu finden.

Steile Hänge, schmale Täler und die üppige, zu den verschiedenen Jahreszeiten immer wieder in anderen prächtigen Farben strahlende Vegetation wecken die Erinnerung an die pittoresken Dörfer der Wachau, die sich etwa 80 km stromaufwärts von hier befindet. Durch die natürlichen Gegebenheiten, die aufgrund der Steilheit der Hänge eine Ausweitung der Ansiedlung fast unmöglich machen, konnte sich das nicht nur malerische, sondern auch ebenso geschichtsträchtige Kahlenbergerdorf in seinem Ursprung noch sehr gut erhalten und eine bauliche Einflechtung in den Wiener Stadtbereich ist bis heute (Gott sei dank!) ausgeblieben.

Am Fuß des heutigen Leopoldsberges gelegen, der ursprünglich wegen seiner reichlichen Wildschweinpopulation Sau- oder Schweinsberg, später dann Kalenberg (sic!) genannt wurde, und erst seit dem Bau der Leopoldskirche Leopoldsberg heißt, lädt dieser idyllische Flecken mit seinen steilen Gässchen, den Weinbergen und dem zur Spitze des Leopoldsberges führenden, steilen Nasenweg zu einem romantischen Spaziergang ein. Vor allem Weinliebhaber kommen dabei auf ihre Kosten, denn auf den hier befindlichen mikroskopisch kleinen, exponierten Lagen werden vom Terroir stark beeinflusste Tropfen gekeltert, die sich stark von den Weinen der Umgebung unterscheiden und in den letzten Jahren einen qualitativen Riesensprung nach vorne machen konnten, nachdem man sich weinbautechnisch wieder auf den Ursprung dieser Landschaft besonnen hat. Noch vor dreißig Jahren waren viele Rieden verwildert und die meisten Weine, die hier angebaut wurden, waren nicht gerade berauschend, zumindest nicht im qualitativen Sinn. Erst im Zuge der erfolgreichen Vermarktung des Wiener Weines wurden die einzelnen Lagen des Kahlenbergerdorfes wiederentdeckt und so kommt es, dass einige ausgezeichnete Tropfen im Sortiment des seit Jahrhunderten überwiegend hier tätigen Weinguts des Stiftes Klosterneuburg zu finden sind.

Ein Rundgang durch das malerische „Dörfel"

In den malerischen Gässchen lässt sich einiges an alter Bausubstanz entdecken, hinter der sich die zum Teil außergewöhnlich steilen Wege zu den Weingärten an den Hängen von Leopoldsberg und Kahlenberg, und, zur Stadt gewandt, des Hundsrückens hinaufstrecken. Seit 1892 zählt das Kahlenbergerdorf verwaltungstechnisch zur Stadt Wien (19. Bezirk, Döbling), wobei seine letzten Teile erst 1954 eingemeindet wurden. Erst vor ein paar Wochen wurde wieder ein politischer Vorstoß gewagt, das benachbarte Klosterneuburg als 24. Bezirk wieder in Wien einzugliedern.

Die Dorfkirche war ursprünglich Johannes dem Täufer geweiht, der später durch den heiligen Georg als Patron abgelöst wurde. In der Kirche wird seit Jahrhunderten eine sogenannte Johannesschüssel aufbewahrt, mit deren Hilfe man in früheren Zeiten glaubte, die in der Donau Ertrunkenen auffinden zu können.

Direkt im Anschluss an das „Dörfel" beginnen die Weinrieden, deren Ursprünge bis ins 14. Jahrhundert zurückreichen (1393 wird der Weingarten der „Junkherren" erstmals erwähnt). Der Großteil der über fünfzig Hektar wird heute vom Chorherrenstift Klosterneuburg bewirtschaftet (ca. 31 ha), das ebenso

Dörflicher Stadtrand

malerisch ein paar Kilometer weiter, aber bereits in Niederösterreich gelegen, in seiner ganzen historischen Pracht über der Babenberger-Stadt Klosterneuburg thront und heuer, im Jahr 2014, bereits seinen 900. Geburtstag feiert.

Hält man sich im Dorf, wenn man von der Donau kommt, rechts, gelangt man zum sogenannten Nasenweg, der direkt hinter dem ehemaligen Linienamtshaus, das als Gendarmerieposten diente und heute, nachdem es jahrelang leer stand, durch einen gewerblichen Betrieb genutzt wird, in mehreren Windungen ziemlich steil über den Rücken des Leopoldsberges bis zur dessen Spitze führt. Das Nutzungsrecht an der seit Jahren für die Öffentlichkeit geschlossenen Burg, die auf der Spitze des Leopoldsberges thront, ist seit 2010 im Besitz eines Architekten, der das Ganze eigentlich wieder auf Vordermann bringen und der Öffentlichkeit zugänglich machen sollte. Getan hat sich in den letzten Jahren allerdings nicht viel. Bis auf die verwachsene und etwas heruntergekommene Aussichtsterrasse am Fuße der Burg ist das Bauwerk leider nicht begehbar.

Einen Rundgang durch das Kahlenbergerdorf sollte man am Kuchelauer Hafen beginnen, wo man am Ufer des Donauarms mit einem Blick auf den Strom, die dort vertäuten Boote und den auf dem anderen Ufer befindlichen Bisamberg noch etwas Kraft tanken kann, bevor man sich auf den Weg über die steilen Gässchen und Pfade macht, um diese Idylle am Rande Wiens zu erkunden. Ein „Achtung Kellner"-Schild, das allzu rasant vorbeiradelnde Sportfreunde auf charmante Art einbremsen soll, ist vor dem an der Straße gelegenen, „radlerfreundlichen" Imbiss mit uferseitigem Schanigarten angebracht.

Um in das Dorf zu gelangen, nimmt man die an der Decke mit Spinnweben bedeckte Unterführung, die unter der Autostraße und unter der Bahnlinie durchführt, und kommt in die Bloschgasse. Hier stehen Buschenschanken wie Schimankos Winzerhaus (mehr zu Werner Schimanko ab S. 34) in trauter Eintracht neben mittelalterlichen Wohnhäusern. An der Ecke zur Billerstiege kann man auch die Fassade des letzten Lebensmittelgeschäfts des „Dörfels" bewundern, das bereits 1975 seine Pforten schließen musste. Zwischen den verrosteten Scherengittern des ehemaligen Geschäftsportals und auf dem davor befindlichen Gehsteig wuchert Unkraut, der am rauen Putz angebrachte, knallig gelbe Postkasten dämmert leer vor

Die Hirnbrecherstiege

sich hin. Von den Lettern über dem Eingang, die einst das Wort „Lebensmittel" formten, ist nur mehr in verwaschenem Rostrot ein Teil des „M"s erhalten. Den einladenden Gegensatz zu der verwitterten Fassade und zu den trutzigen Wänden der links davon befindlichen Nachbarhäuser, die zum Teil bereits mehrere hundert Jahre alt sind, bilden die bunt bepflanzten Blumenkisten, die vom sehr umtriebigen Verein „Freunde des Kahlenbergerdorfes" (Folder zur Dorfgeschichte liegen in mehreren Lokalen im Ort zur freien Entnahme auf) auf dem Geländer der davor befindlichen Mini-Promenade initiiert wurden und so das Erscheinungsbild des Dorfes mit einfachen, aber umso effektiveren Mitteln aufpeppen. Ein wohlduftender, farbenfroher Blickfang.

An der Ecke des Hauses Bloschgasse Nr. 3 befindet sich seit 1981 die sogenannte „Hirnbrecherstiege", die (Nomen est Omen) im Falle eines Sturzes über dieselbe keine Unklarheit darüber aufkommen lässt, was in der Regel die Konsequenz für das edle Haupt des Gefallenen ist. Der diesem winzigen Gässchen stetig anhaftende Geruch von Feuchtigkeit und Moder verstärkt noch den Wunsch, diesen „Abschneider" so schnell wie möglich hinter sich zu bringen, und forciert somit die Gefahr eines Sturzes noch mehr. Also Obacht beim Erklimmen oder Herabsteigen, je nachdem, von wo man gerade kommt. An ebendieser Ecke befindet sich auch eine Wandtafel, die ausführlich über die Historie der Dorfbeleuchtung informiert, die noch bis zum Ende des 19. Jahrhunderts aus Petroleumlampen bestand und erst zu Beginn des 20. Jahrhunderts an das Gasnetz der „Imperial Continental Gas Association" angeschlossen wurde. Am Haus Bloschgasse 1 findet der aufmerksame Betrachter übrigens noch eine originale Lampe aus dieser Zeit.

Nimmt man nicht den Weg über die Hirnbrecherstiege, sondern geht die Bloschgasse weiter, kommt man an der Ecke zur Zwillinggasse zu einem spätbarock-klassizistischen „Schlössel", wo Franz Schubert am 7. August 1828 bei einer

Geburtstagsserenade für Karoline von Pernold das Lied *Leise flehen meine Lieder* im Freundeskreis uraufgeführt hat. Hier befand sich von 1875–1931 auch das erste österreichische Kinderasyl, in dem verwaiste Kinder mit einer Bezugsperson aufwachsen konnten. Erbaut von der Freimaurerloge Humanitas war es sozusagen der Prototyp der „SOS Kinderdörfer". Wurden in den 80er-Jahren des vorigen Jahrhunderts noch die Gastarbeiter, die für das Stift Klosterneuburg tätig waren, hier untergebracht, wurde nach Adaptionsarbeiten aus dem ehemaligen „Schlössel" eine Wohnhausanlage, die sich in die Dorfstruktur fast nahtlos einfügen konnte.

Quert man im Anschluss daran zuerst den Jungherrensteig, die schon oben erwähnte älteste Weinriede des Dorfes, an deren Rand einige exklusive Villen (auch neueren Datums) stehen, und überschreitet den nur 1000 m langen Schablerbach, der unter der Straße hindurchrinnt, gelangt man zur ehemaligen städtischen Feuerwache, die neben Brandschutz auch für die Wasserwehr an der Donau zuständig war. 1930 erbaut, wurde die Feuerwache im Jahr 1954 von der benachbarten Nussdorfer Feuerwehr übernommen.

Der Rundgang führt weiter durch die Wigandgasse zu einem strahlend weißen Marterl mit einem drachentötenden heiligen Georg. Dahinter befindet sich die ehemalige „neue" Schule, deren Umbau zum Wohnhaus erst vor Kurzem abgeschlossen wurde und die mit „exklusiven Erstbezügen" wirbt. Der mittägliche Glockenschlag der Dorfkirche, die ebenfalls dem heiligen Georg gewidmet ist, bricht sich an den Wänden der umliegenden Häuser und die täuschende Akustik gaukelt die Kirchenglocke aus der entgegengesetzten Richtung kommend vor.

Links vor dem Haus mit der Nummer 37, das in der frühen Neuzeit auf den Grundmauern des einstigen Kelleramtsgebäudes des Stifts Klosterneuburg errichtet wurde, befindet sich ein kleiner Terrassengarten, der liebevoll mit Rosen, Ziersträuchern und Efeu bewachsen ist. Meisenringe locken die

Häuserzeile in der Bloschgasse

Federviehpopulation, die sich hier zwitschernd zwischen den duftenden Rosen um die Leckereien balgt. Über dem Hauseingang befindet sich die Jahreszahl 1710 und das steinerne Wappen des Chorherrenstifts. Ebenfalls einige Jahrhunderte alt ist die Inschrift, die man über einem Fenster des Nachbargebäudes, das in früheren Zeiten als Gemeindehaus diente, entziffern kann: „Dieses Haus hat eine Löbliche Gemeinde In Kallenberg erbauen lassen. Anno 1779".

Die ehemals „alte" Schule am Ende der Gasse, die sich links vor dem zur Dorfkirche führenden Stufenportal befindet, wurde ursprünglich von der Künstlerinstitution Willi Resetarits, vulgo Ostbahnkurti, adaptiert und für einige Zeit bewohnt, bevor das auf Stiftsgrund stehende Haus an seinen jetzigen Besitzer veräußert wurde. Selbiger steigt mit seinem überdimensionalen Jagdhund gerade aus dem vor dem Haus geparkten Auto, als ich mit Fotoapparat und Notizblock bewaffnet durch das Dörflein marschiere. Als er nach anfänglichem Misstrauen bemerkt, dass ich mich für die Ortschaft wirklich interessiere, wird er gleich viel freundlicher, gibt mir noch einige Tipps und wünscht mir alles Gute.

Hat man die paar Stufen, die in den Kirchhof führen,

erklommen und das kunstvoll verzierte, schmiedeeiserne Gittertor durchschritten, steht man auf dem sorgfältig gepflegten und hübsch begrünten Vorplatz, auf dem sich vor Jahrhunderten der alte Dorffriedhof befand. Hier sei eine Steintafel an der rechten Seite des Portals erwähnt, die in genauen Jahreszahlen die mehrmals notwendigen Aufbauarbeiten durch das Stift Klosterneuburg dokumentiert, nachdem die dem heiligen Georg gewidmete Kirche im Laufe der Jahrhunderte mehrmals zerstört, verwüstet oder abgebrannt ist.

Blickfang im Kirchhof ist ein restaurierter spätgotischer Bildpfeiler mit einer bizarr wirkenden Kreuzigungsszene (die in Stein abgebildeten Figuren haben alle keinen Kopf mehr), der ursprünglich auf dem „Weg aus dem Gebirge zur Donau" stand und der, sorgsam zusammengefügt, nachdem er 1893 von einem Fuhrwerk umgeführt worden war, hier wieder aufgestellt wurde und einen dauerhaften Platz fand.

Ein paar Meter weiter im Hof grinst dem Besucher die Statue des Gundakar von Thernberg, des sogenannten „Pfaffen vom Kahlenberg", keck entgegen (mehr zu diesem geistlichen Spaßmacher ab S. 24). In der Mauer des Gotteshauses sind einige Gedenktafeln angebracht. Eine berührende Inschrift, die von den Gefahren des damals noch nicht regulierten Donaustroms zeugt, lautet: „Hier ligt begraben Martin Beuerl Bürger und Schiffmeister von Regenspurg so den 21. Sep. 1706 unglücklich in den Wirbl ertruncken seinesalters im 34. Jahr".

Die Kirche kann außerhalb der Messezeiten über den „2. Kircheingang" betreten werden und ist mit einem 3-Minuten-Licht versehen. Zwar teilt ein Eisengitter den Kirchenraum, doch kann man hier das aus rotem Marmor gehauene spätromanisch-gotische Taufbecken und die Altardarstellung mit dem heiligen Georg gut sehen. Die detaillierte Geschichte der Pfarrkirche hängt mit Jahreszahlen versehen direkt beim Eingang.

Hat man erst die Ortschaft hinter sich gelassen und die direkt dahinter beginnenden Steillagen durchwandert, erreicht man über den Eiserne-Hand-Weg auf der anderen Seite den Nussberg. Der Nussberg ist Wiens Vorzugslage in Sachen Wein, auf der viele reputierte, aber auch weniger renommierte Winzer ihre Parzellen bewirtschaften. Vor allem die Buschenschanken auf den Hügelkämmen laden zum Verweilen bei einer kleinen Jause ein. Der traumhafte Ausblick über die Stadt ist hier im Preis inbegriffen, bevor man sich nach verdienter Rast wieder über den Eichelhofweg nach Nussdorf auf den Heimweg macht.

Der Name „Eiserne Hand" stammt übrigens von den eisernen Wegweisern, die Fürst Charles Joseph de Ligne (1735–1814) anbringen ließ, um Wanderern den Weg zum Kahlenberg zu weisen. Der Adelige war bereits in jugendlichen Jahren als Kammerherr Maria-Theresias tätig, kämpfte im Siebenjährigen Krieg gegen die Preußen, war als Diplomat, aber auch als Schriftsteller tätig und mit Zeitgenossen wie Goethe oder Voltaire auf Du und Du. 1814 starb er während des Wiener Kongresses und seine Gebeine wurden auf dem im Wald versteckten Josefsdorfer Biedermeier-Friedhof beigesetzt, der sich unterhalb des auf dem Kahlenberg liegenden Josefsdorf gar nicht so weit entfernt von hier befindet. Ein Besuch dieses verwunschenen und etwas versteckten Totenackers, auf dem auch die einst „schönste Wienerin" Karoline Traunwieser bestattet ist, lohnt sich auf jeden Fall.

Zu erreichen ist das Kahlenbergerdorf mit den Buslinien 238, 239 und 241, die von Heiligenstadt (U4) wegführen und deren Station sich am Fuße des Dorfes direkt an der Schnellstraße befindet.

Der Pfaff vom Kahlenberg

Unter Herzog Otto dem Fröhlichen (1301–1339), der in der Burg auf dem heutigen Leopoldsberg residierte, kam ein Pfarrer, der auch als Hofnarr für den Babenberger tätig war, zu überregionaler Berühmtheit. Als „Pfaff vom Kahlenberg" erreichten die von einem gewissen Philipp Frankfurter gesammelten Schwänke über den spaßigen Gottesdiener im deutschen Sprachraum den gleichen Bekanntheitsgrad wie Till Eulenspiegels Possen.

Ein gewisser Gundacker von Thernberg, vulgo Wigand (Weigand) von Theben, nach dem auch die im Dorf befindliche Wigandgasse benannt ist, übernahm in der ersten Hälfte des 14. Jahrhunderts die Pfarre des Kahlenbergerdorfs. Neben seiner Tätigkeit als Hirte der Gemeinde soll er nicht nur für den Babenbergerherzog, sondern auch für den Bischof von Passau (zu dessen Diözese Wien damals gehörte) als Possenreißer tätig gewesen sein. Über den historischen Kontext gibt es die unterschiedlichsten Meinungen, die ein eigenes Buch füllen könnten. 1473 erschien der erste Druck der gesammelten Schwänke, in denen es dem frommen Mann vorrangig um das Wohl der Bürger und deren Besserung ging.

Gundacker von Thernberg, der Pfaff vom Kahlenberg

Eine der bekanntesten Geschichten ist die vom geplanten Flug des Pfaffen vom Glockenturm über die Donau. Der Pfaff vom Kahlenberg kündigte an, über die Donau fliegen zu wollen, und schmückte sich mit Pfauenfedern, um so flugtauglich zu werden. Die zahlreich erschienenen Zuschauer, die neugierig herbeigeströmt waren, ließ er so lange warten, bis sie durstig waren. Aus einem von ihm mitgebrachten Fass verkaufte er sauren Wein an die Bürger, bis diese ordentlich betrunken waren. Als die weinselige Stimmung ihren Höhepunkt erreichte, fragte er die Schaulustigen, ob sie schon einmal einen Menschen fliegen gesehen hätten. Als diese verneinten, meinte er, warum denn er dann fliegen sollte, und schickte die Betrunkenen, die ziemlich dumm aus der Wäsche glotzten, alle wieder nach Hause, nachdem er sie so vorgeführt hatte. Eine Eulenspiegelei, wie sie im Buche steht.

Die einst so bekannten Geschichten des „Pfaffen vom Kahlenberg" gerieten leider nach und nach in Vergessenheit. Lebendig geblieben ist allerdings der französische Ausdruck „Calembour" (angeblich abgeleitet von Kahlenberg) für Wortwitz, von dem sich wieder der deutsche Ausdruck „Kalauer" abgeleitet haben soll.

Die Statue des Marco d'Aviano vor der Kapuzinerkirche im ersten Bezirk

Marco d'Aviano – ein Friulaner als Retter von Wien

Am 17. November 1631 im friulanischen, zur Provinz Pordenone gehörenden Aviano geboren, war der fromme Mann nach erster Schulbildung bei den Jesuiten in Görz und nach seiner Priesterweihe im Jahre 1655 bei den Kapuzinern und schließlich nach Erhalt seines Predigerpatentes 1664 in ganz Italien als Prediger tätig. 1676 erlangte er nach einer angeblichen Wunderheilung im gesamten italienischen Raum hohen Bekanntheitsgrad und gewann so nach und nach den Status eines kirchlichen Popstars, dessen Predigten ihn auch durch andere Länder Europas führten, wo zu seinen Auftritten zahlreiche Gläubige erschienen und etliche von ihnen Heilung erfahren durften. 1680 wurde Marco d'Aviano der persönliche Seelsorger Leopolds I. und drei Jahre später wurde er als päpstlicher Gesandter bei der 2. Türkenbelagerung von Wien eingesetzt. Er überzeugte Karl von Lothringen davon, dem polnischen König Jan III. Sobieski den Oberbefehl für das Entsatzheer zur Rettung Wiens zu übertragen, und hielt eine flammende Rede in der Leopoldskapelle auf dem damaligen Kahlenberg (dem heutigen Leopoldsberg), wo er die historisch so bedeutende Messe vor der großen Schlacht hielt, was seinen Bekanntheitsgrad immens erweiterte. Später wurde er deswegen gerne auch als „Retter Wiens" gepriesen.

Eine im Jahre 1935 vom Bildhauer Hans Mauer erschaffene Statue steht heute vor der Kapuzinerkirche im 1. Bezirk, wo Marco d'Aviano nach seinem Tod im Beisein Leopolds I. sowie Kaiserin Eleonores am 13. August 1699 an einem besonderen Plätzchen in der Nähe der kaiserlichen Ruhestätte in der Kapuzinergruft unter reger Anteilnahme der Bevölkerung bestattet wurde. Vier Jahre nach seinem Tod wurden die Gebeine des „Retters von Wien" in eine Kapelle der Kapuzinergruft überführt, wo sie bis zum heutigen Tage ruhen.

Auf den ersten Blick etwas gruselig wirkt die mehrere Meter hohe Bronze des Predigers, die einem aus einer Mauernische unverwandt ins Gesichtsfeld springt, wenn man von der Oper kommend in Richtung des Eingangs der Kapuzinergruft spaziert. Der fromme Mann reckt in dieser überdimensionalen Darstellung das Kreuz empor wie ein mittelalterlicher Exorzist, der sich gegen Tod und Teufel stellt. Seine Dynamik und Mimik verleihen dieser mit einem Gitter umgrenzten Statue etwas Unheimliches und Dämonisches. Links und rechts der Statue befinden sich zwei Steinreliefs. Das eine zeigt das Entsatzheer, das zur Rettung Wiens eilt, während auf dem anderen die Stadt Wien zur Zeit der Türkenbelagerung kunstvoll in Stein gemeißelt wurde.

Über eine Seligsprechung d'Avianos wurde vom Kaiser bereits kurz nach dessen Tod laut nachgedacht. Der erst 1912 eingeleitete Prozess führte zur Seligsprechung am 27. April 2003. Manchmal mahlen auch die Mühlen der Kleriker langsam.

Über den einzigartigen Wein des Kahlenbergerdorfs

„Kein pessern Wein ich trunken hab,
er kumbt vom Kahlenberg herab"

Bekannter überlieferter Ausspruch Wolfgang Schmeltzls,
Schulmeister am Schottenstift um die Mitte des 16. Jahrhunderts

Die seit vielen Jahrhunderten bewirtschafteten Steillagen mit klangvollen Namen wie Jungherren, Jud, Altweingarten, Raflerjoch, Gebhardin und Schweizerberg bilden hier eine geologische Scheide. Ähnlich wie im französischen Burgund kann sich der Boden hier von Riede zu Riede geologisch unterscheiden und somit eine komplett andere Weinstilistik hervorbringen. Erblickt man zur linken Seite graugelben Muschelkalkboden zwischen den Rebstöcken, kann zur Rechten schon eine Scholle mit roter Erde das Auge des Betrachters faszinieren. Manchmal ändern sich die Bodenverhältnisse sogar innerhalb einer Riede. Der Fachterminus für diese Bodenstilistik ist Gaultflysch. Dabei handelt es sich um einen grünlichen Quarzsandsteinboden, der von schwarzem, geschiefertem Tonstein durchsetzt ist.

Bevorzugt werden hier Burgundersorten wie Chardonnay, Weißburgunder oder Blauburgunder angebaut. Aber auch

Buschenschank mit Aussicht

Gewürztraminer und Grüner Veltliner sind hier anzutreffen und wer den steilen Eiserne-Hand-Weg bis zu den Hügelkämmen erklimmt, der kommt an etlichen Schildern vorbei, die erst vor Kurzem vom Stiftsweingut Klosterneuburg aufgestellt wurden und von denen man sich mittels QR-Code die jeweiligen geologischen Eigenheiten der einzelnen Lagen auf sein Smartphone laden kann. Witzige Idee!

Drei von hier stammende Spitzenweine des Klosterneuburger Stiftweinguts seien dem Freund des edlen Rebsafts besonders ans Herz gelegt:

Der Weißburgunder „Jungherrn" zählt mit seiner Komplexität, dem ausgewogenen Spiel von Frucht und Säure sowie seinem vollen Körper zu einem der besten Sortenvertreter des Wiener Weins.

Wogegen der halbtrocken ausgebaute, verführerisch nach Litschi und Rosenblüten duftende Gewürztraminer von der Riede „Gebhardin" ganz einfach vorzüglich mundet und wegen seines im unteren Bereichs angesiedelten Alkoholgehalts noch auf ein weiteres Achterl Laune macht.

Der Pinot Noir vom „Raflerjoch" besticht vor allem durch seine erstaunliche Vielschichtigkeit und mit seiner

Blick vom Nussberg auf Wien

vordergründig burgundischen Stilistik braucht dieser Blauburgunder keinen internationalen Vergleich zu scheuen.

Erhältlich sind alle drei Weine in der Vinothek des Stiftes Klosterneuburg.

Linktipp
www.stift-klosterneuburg.at

Von Fürsten, Chorherrenstifts-Pfarrern, Wiens Nachtklubkönig und der bezaubernden Marisa Mell: der Friedhof des Kahlenbergerdorfs

Der Friedhof des Kahlenbergerdorfs mit der schönen Aussicht auf den Donaustrom und auf die transdanubischen Bezirke Floridsdorf und Donaustadt ist einen Abstecher wert. Der ursprüngliche Friedhof war rund um die Dorfkirche angelegt, konnte aufgrund der natürlichen, beengten Situation aber nicht im Ort bleiben und wurde 1878 auf die steilen Hügel hinter dem Dorf verlegt. Die Aussicht von diesem Totenacker ist wirklich einzigartig. Hat man erst den steilen, schweißtreibenden Weg zurückgelegt, kann man hier auf einem vor dem Friedhofseingang befindlichen Bänkchen rasten. Im Angesicht der das Herz erfreuenden Umgebung kann man über den Sinn des Lebens philosophieren und die Aussicht über die steilen Weinhänge, die umliegenden Hausberge Wiens und den vorbeifließenden Donaustrom genießen. Im Rücken liegen die Gräber und Gruften der kleinen Totenstadt.

Neben den verstorbenen Dorfbewohnern sind hier auch Mitglieder des Chorherrenstifts Klosterneuburg sowie die einst hier wirkenden Pfarrer der Gemeinde bestattet. Ebenso finden sich hier Gruften des österreichisch-ungarischen Adelsgeschlechts Apponyi von Nagy-Apponyi und des Prinzen Karl Alfred Liechtenstein. Die prominentesten Gräber aus dem letzten Drittel des vorigen Jahrhunderts sind aber die hier zu findenden letzen Ruhestätten des Wiener Unternehmers, Gastronomen und Nachtklub-Königs Werner Schimanko sowie der unvergesslichen Schauspielerin und B-Movie-Königin Marisa Mell.

Während Heinz Werner Schimanko (1944–2005) den meisten als Betreiber des Moulin Rouge, der mondänen Eden Bar und des schönsten Stundenhotels der Welt (des im 1. Bezirk am Tiefen Graben gelegenen Hotels Orient) in Erinnerung geblieben ist, so ist die einst international gefeierte Schauspielerin Marisa Mell der heutigen Generation leider kein Begriff mehr.

Die unglaublich schöne Marlies Moitzi

Dabei gab es eine Zeit, zu der die gebürtige Steirerin mit dem eigentlich typisch wienerisch klingenden Namen Marlies Theres Moitzi (1939–1992) von unzähligen Titelblättern der internationalen Boulevard-Presse ihr bezauberndes Lächeln auf ihre Bewunderer herabstrahlen ließ. Gleich in zwei Casanova-Verfilmungen durfte sie an der Seite von Weltstars wie Marcello Mastroianni *(Casanova 70*, I 1965) oder Tony Curtis *(Casanova & Co*, Ö/I/F 1977) brillieren.

Gemeinsam mit Senta Berger und Erika Pluhar, die posthum ein berührendes Buch über ihre Freundin veröffentlichte, das den Menschen Marisa Mell in den Vordergrund stellte, besuchte sie das Max Reinhardt Seminar. Bereits 1954 startete sie ihre Filmkarriere in *Das Licht der Liebe*. Ihren ersten großen Erfolg feierte sie 1963 in Ken Russells *French Dressing* (deutscher Titel: *Versuch's doch mal auf Französisch)*. In diesem Jahr erlitt die Schauspielerin bei einem Autounfall schwere Gesichtsverletzungen, die nach dem Genesungsprozess aber

Das Grab von Marisa Mell

glücklicherweise ihre schier atemberaubende Schönheit nicht beeinträchtigten. Ebenfalls in Erinnerung blieben ihre Auftritte in den beiden Edgar-Wallace-Verfilmungen *Das Rätsel der roten Orchidee* mit Christopher Lee und Klaus Kinski, und *Das Rätsel des silbernen Halbmondes*, wo sie gemeinsam mit Uschi Glas, Antonio Sabato und Petra Schürmann die Presse bei dieser allerletzten Verfilmung aus dem unerschöpflichen (Brian) Edgar Wallace-Kanon auf ihrer Seite hatte. Und laut Süddeutscher Zeitung war es endlich wieder einmal möglich, von einem Edgar Wallace gefesselt zu sein.

Auch in Helmut Bergers exzessivstem Film *Der Tollwütige* (und noch ein „Nomen est omen!") spielte sie nicht nur die weibliche Hauptrolle. Vorab erschien eine Bilderserie im italienischen Playboy, die Marisa Mell und Helmut Berger splitternackt zeigte. Die Bilder wurden unabhängig vom Film die populärsten Nackedei-Fotos dieses Jahrzehnts.

Marisa Mell wohnte auch noch in den 1980ern in Rom, gleich in unmittelbarer Nachbarschaft des Enfant terribles und einstigen Visconti-Liebhabers, dessen spätnächtliche oder auch frühmorgendliche Klingelattacken sie mit in die Türklingel geklemmten Tampons abwehrte, wie Christine Kaufmann in ihrem Videoblog anmerkte: „Mit einem Tampon in der Klingel konnte man Helmut Berger nachts fernhalten."

Marisa Mell spielte in über siebzig großteils internationalen Produktionen mit, meist unter ihrem schauspielerischen Wert. Den restriktiven Verträgen der großen Studios konnte und wollte sie sich allerdings nicht fügen und so blieben die großen Rollen aus. Marisa Mell lebte am Schluss ihrer Karriere in Wien, starb, nur mit Mitteln der Alternativmedizin behandelt, 1992 viel zu früh im Alter von 53 Jahren an Speiseröhrenkrebs. Sie liegt auf dem Kahlenberger Friedhof in einem schlichten Grab im hinteren Teil des romantisch-morbiden Fleckens zur letzten Ruhe gebettet.

Der Lebemann und Frauenversteher Heinz Werner Schimanko

Werner Schimanko war einst der Nachtklubkönig Wiens, sein Markenzeichen waren der überdimensionale Schnauzer und seine polierte Glatze (zu einer Zeit, in der glatt rasierte Köpfe noch zumindest für ein klein wenig Aufsehen sorgten; außer Kojak und Yul Brynner waren die „Billardkugeln" noch sehr rar).

Schimanko betrieb die Eden Bar, wo sich heimische und internationale Prominenz über Jahrzehnte die Klinke in die Hand gab. Diskretion war hier oberstes Gebot und ähnlich wie Udo Proksch im Demel oder im Klub Gutruf schaffte es der manchmal etwas bärbeißig auftretende Schimanko, sowohl Politiker als auch international gefragte Topstars in seinen Nachtklub zu locken.

Dass hinter der oft großen Selbstverliebtheit des seit seiner Jugend beinhart schuftenden Selfmade-Manns („Ich könnte mir jeden Tag selber gratulieren!") bei Bedarf auch eine eiserne Faust steckte, beweist eine Anekdote im Nachruf eines Schimanko-Vertrauten, die erzählt, wie ein vor dem Moulin Rouge aus einem Auto entlaufener Rottweiler, der mehrere

Passanten angefallen hatte, mit einem einzigen Fausthieb auf den Kopf zu Boden gestreckt wurde. Wer die unbändige Kraft dieser mörderischen Kampfmaschinen kennt, weiß, was es heißt, ein rasendes Tier bewusstlos zu schlagen. Die Ironie an der Geschichte ist, dass Schimanko Jahre später seine eigenen Rottweiler erschießen musste, als diese seine Tochter attackierten.

Das Licht der Welt erblickte Werner Schimanko in einem Rettungsauto auf der Fahrt ins Spital, während Wien gerade von den Alliierten bombardiert wurde. Eine ziemlich rumpelige Ankunft also. Gestorben ist er im Alter von 61 Jahren beim Sex mit seiner Freundin durch einen Herzinfarkt.

Ein Teil des von ihm geschaffenen Imperiums wird von seiner Familie und von Freunden bis heute weitergeführt. Sowohl das Hotel Orient als auch das direkt im Kahlenbergerdorf gelegene „Schimankos Winzerhaus" lohnen einen Besuch. In Letzterem gibt es Fisch, üppige Heurigenküche und deftige böhmische Mehlspeisen, für die der aktuelle Besitzer Richard Abraham, der schon unter Schimanko im Service der Eden Bar tätig war, mit seinen ungarisch-slowakischen Wurzeln höchstpersönlich sorgt.

Das Hotel Orient, das schönste und diskreteste Stundenhotel der Welt, sollte jeder für sich selbst entdecken. Geführt wird das Haus vom Schimanko-Spross Heinz Rüdiger. Tipps zu den einzelnen Suiten mit den gar lustvollen Namen wie „Kaisersuite" oder „Orientexpress" kann man sich bei Bedarf 365 Tage im Jahr 24 Stunden rund um die Uhr bei der Rezeption geben lassen. Vorreservierungen gibt es keine.

„Schau dir das hingespuckte Stück Leben an
Vom Geborenwerden bis hin zum Tod
Wie das nur wehtut und uns quält
Und so müde macht die Suche nach dem Glück
Trotzdem kämpfen wir
Trotzdem glauben wir
Trotzdem lieben wir ... Trotzdem!"
– Erika Pluhar, *Trotzdem*

*Die Pluhar,
die Mell und der Tod*

Kahlenbergerdorf-Friedhof revisited

Im Gespräch mit Erika Pluhar am Friedhofsbankerl des Kahlenbergerdorfs

Als ich bei meinen abschließenden Recherchearbeiten über das Kahlenbergerdorf und den Bezug der dort bestatteten Marisa Mell zu diesem Flecken Erde keine stimmigen Antworten finden konnte, fragte ich bei Erika Pluhars Management an, ob Frau Pluhar vielleicht diese Lücken füllen könnte, da sie ja eine sehr gute Freundin Marisa Mells war. Frau Pluhar rief mich freundlicherweise am nächsten Tag an und wir vereinbarten ganz unkompliziert, uns auf dem Bankerl vor dem Friedhof des Kahlenbergerdorfs zu treffen, wo das Grab ihrer verstorbenen Freundin liegt, um ein wenig über ihre Beziehung zu Marisa Mell zu plaudern und warum die geborene Grazerin gerade hier beerdigt worden war.

Frau Pluhar beantwortete im Verlauf dieses Gesprächs aber auch einige Fragen zu ihrer eigenen Person, über ihre Kindheit in Floridsdorf und natürlich über den Tod, mit dem sie in ihrem bewegten Leben mehrmals hautnah konfrontiert wurde.

Für den Nachmittag hat der Wettergott aus dem Radio eine Gewitterwarnung vermeldet, aber noch scheint die Augustsonne ungestört vom strahlend blauen Himmel über dem Kahlenberg, als ich um halb zwei an der Weggabelung des Eiserne-Hand-Wegs und des zum Friedhof führenden

Erika Pluhar am Friedhofsbankerl

Willibald-Fischer-Wegs im Schatten der am Wegrand befindlichen Bäume einparke, um die letzten Meter zu Fuß zurückzulegen. Die steile Straße zu dem Totenacker verläuft eingebettet zwischen Weingärten und Wiesen und eine kühlende Brise bringt das schulterhohe Gras am Wegrand zum Rauschen, in dem die Grillen in einer ohrenbetäubenden Kakophonie um die Wette zirpen.

Frau Pluhar sitzt bereits auf dem Bankerl vor dem Friedhof, als ich den vereinbarten Treffpunkt erreiche, und ich stelle mich erst einmal vor. Sie hört aufmerksam zu, als ich in ein paar Sätzen von meinem Buchprojekt erzähle und von meinen Recherchearbeiten, bei denen ich herausgefunden habe, dass Frau Pluhar bereits 1996 das Buch *Marisa: Rückblenden auf eine Freundschaft* (erschienen bei Hoffmann & Campe) geschrieben hat, in dem sie ihre Freundschaft mit Marisa Mell schildert und die private Frau Marlies Moitzi, die hinter der öffentlichen Schauspielerin Marisa Mell steckte, einfühlsam porträtierte. Eine innige Freundschaft verband die beiden unterschiedlichen Frauen ihr ganzes Leben, seit dem gemeinsamen Besuch des Max Reinhardt Seminars, das sie mit der Schauspielkollegin Senta Berger absolvierten. Am Ende von Marisa

Mells Karriere begleitete Erika Pluhar die Freundin bis zu deren Tod. Sie hielt die Hand ihrer Freundin auf dem Sterbebett und beim Begräbnis die erste Grabrede ihres Lebens.

„Die Marlies", beginnt sie, „wurde aus dem einfachen Grund hier begraben, weil ihr der damalige Pfarrer der Gemeinde, der sie sehr mochte, dieses Grab schenkte. Marisa starb komplett verarmt und hatte zum Zeitpunkt ihres Sterbens überhaupt kein Geld mehr. An den Namen des Pfarrers [Anm. des Autors: Pater Laun] kann ich mich nicht mehr erinnern. Ich weiß nur noch, dass der immer so nuschelte, wenn er über Sexualität redete. Und über dieses Thema referierte er gerne, wenn er in der Öffentlichkeit Gelegenheit dazu hatte."

Sie lächelt vielsagend und fährt mit einer auf den hinter uns liegenden Friedhof deutenden Geste fort: „Wir waren nur in ganz kleinem Kreis auf dieser Beerdigung. Meine Tochter war da und die Schauspielerin Krista Stadler. Es war sehr feierlich. Ein Jahr vor ihrem Tod hat die Marisa noch zu Weihnachten für den Pfarrer als ‚Pfarrersköchin' gekocht und jetzt musste ich meine erste Grabrede halten. Mittlerweile sind ja schon mehrere Freunde gegangen. Marisa war damals die erste."

Sie nimmt ihre Brille ab, blickt in die Ferne, wischt sich bewegt die Augen und bemerkt liebevoll, ein Lächeln umspielt dabei ihre Lippen: „Ach Gott! Die Marisa ... Die hat in ihrem Leben so viele Blödheiten gemacht. Darauf will ich hier gar nicht näher eingehen. Aber als sie wusste, dass sie sterben muss, da hat sie so viele Dinge, die ihr noch wichtig waren, in dieser kurzen Zeit, die ihr noch blieb, nachgeholt. Am meisten gekränkt hat sie allerdings, dass sie der Helmut Berger kein einziges Mal bis zu ihrem Tod besucht hatte. Denn den hat sie wirklich gern gehabt", sie verdreht dabei vielsagend ihre Augen, „und war umso enttäuschter, dass der sich kein einziges Mal im Spital anschauen hat lassen." Sie hält in ihrem Redefluss kurz inne, schüttelt ihren weißen Pagenkopf und sammelt ihre Gedanken, ordnet stumm Erinnerungen an diese Zeit, die zwar schon über zwanzig Jahre zurückliegt, sie aber offensichtlich immer noch sehr bewegt. Dann fährt sie mit ihrer markanten Stimme fort: „Die Marlies konnte ganz einfach nie auf sich selbst aufpassen. Mit Geld, das ihr zwischen den Händen zerrann, konnte sie ebenso wenig umgehen und ihr ganzes Leben lang wurde sie von unzähligen Leuten und sogenannten Freunden ausgebeutet. Und sie ließ sich auch ausbeuten. Sie ernährte ihre komplette Familie und mit ihren Männerbekanntschaften und Beziehungen hatte sie auch kein Glück. Der Alkohol tat sein Übriges dazu. Dabei war sie so ein guter Mensch. Schade, dass Sie nicht die Möglichkeit hatten, mein Buch über die Marisa zu lesen. [Anm. des Autors: Das Buch ist leider zurzeit vergriffen.] Meine Tochter, Krista Stadler und ich begleiteten Marisa in ihren letzten Wochen und Monaten im Wilhelminenspital bis zu ihrem Tod. Sie können sich gar nicht vorstellen, wie schön die Marisa war, als das lange Leiden endlich vorbei war. Sie war so schön, als sie der Tod endlich erlöst hatte. Als ob alle Last mit einem Mal von ihr abgefallen war." Von der Schönheit Marisa Mells war Erika Pluhar bereits bei ihrem ersten Zusammentreffen im Max Reinhardt Seminar angetan, wie sie weiter ausführt: „Als ich die Marlies bei den Aufnahmeprüfungen für das Seminar in Schönbrunn das erste Mal gesehen habe, dachte ich mir: Da kannst' gleich einpacken, da hast du keine Chance, so schön wie die ist. Ich habe mich ja selber nie als so schön empfunden. Aber zwischen uns entwickelte sich binnen kürzester Zeit eine Freundschaft, die unser ganzes Leben lang anhielt. Wir verloren uns natürlich auch zwischenzeitlich aus den Augen, aber Freundschaft heißt nicht, dass man sich ständig treffen muss. Wir haben uns über viele Jahre hinweg immer wieder gesehen. Unsere Begegnungen habe ich ein paar Jahre nach ihrem Tod in meinem Buch über sie aufgearbeitet. Marisa war aber nicht nur hübsch, sondern auch eine sehr gute Schauspielerin. Leider wurde sie in vielen Rollen ihrer Karriere, vor allem in Rom, oft nur als

Aufputz eingesetzt und konnte ihr schauspielerisches Talent nur bedingt oder gar nicht einsetzen.

Leider! Dabei war sie so begabt. Sie war in ihrer wilden Zeit viel mit derangierten Typen aus, der Helmut Berger war ja auch so einer. Das Geld floss in dieser Zeit nur so durch ihre Hände. Später, als sie älter wurde und zu alt war, um die Rolle des Vamps weiterzuspielen, blieben dann die Rollen aus. Sie lebte lange Zeit arbeitslos in Rom und ich bewunderte sie damals aufrichtig dafür, als sie den Entschluss fasste, nach Wien zurückzukommen und hier wieder von ganz unten, quasi bei null, zu beginnen. Sie spielte damals in einem kleinen Kellertheater vor einer Handvoll Leute." Nach Rom wäre Frau Pluhar nie gezogen, wie sie mir anvertraut. Das wäre nichts für sie gewesen. Sie fühlte sich ihrem Wien immer verbunden. Während Marisa in Rom wilde Partys feierte, war Frau Pluhar die brave Elevin am Burgtheater, wie sie sich selbst tituliert. Sie schmunzelt dabei mit in sich gekehrtem Blick. Erika Pluhars Karriere am Burgtheater dauerte vierzig Jahre an. Sie fährt nach kurzer Pause fort: „Ich weiß noch, wie wir uns alle nach dem Begräbnis beim Pfarrer unten im Dorf getroffen haben, wo wir gemeinsam gesungen und uns dann fürchterlich angesoffen haben." Bevor wir zum Grab hinaufgehen, zeige ich ihr noch zwei Fotos, die mir ein guter Freund für sie mitgegeben hat. Eines zeigt eine damals noch langhaarige Frau Pluhar hinter einem Mikrofon hervorstrahlend, als sie 1984 in der besetzten Hainburger Au auftrat. Sie betrachtet das Bild mit einem Lächeln und erinnert sich: „Ja, damals kämpften wir noch für etwas. Bei der heutigen Generation ist das alles ein bisschen zahnlos. Es ist schon schlimm, wenn man die Entwicklung der letzten Jahre betrachtet. Überall Terror und Krieg, was meinen Abscheu vor sämtlichen Religionen, die ich immer schon hatte, noch mehr verstärkt hat. Die Menschen werden ausgebeutet und man hat es sehr schwer, sich gegen dieses System zur Wehr zu setzen." Bei dem zweiten Foto handelt es sich um ein Klassenfoto ihrer Schwester „Burgi", die mit der Mutter einer guten Freundin in die Klasse gegangen war und bei den Pluhars in Kindheitstagen sehr oft zu Besuch war. Sie erkennt sofort ihre Schwester auf dem Bild und ihre Augen lachen mit, als sie mit dem Finger auf den unschuldig lächelnden Kinderkopf ihrer Schwester deutet. Die einfache Kleidung der darauf abgebildeten Kinder erfreut sie. Sie erzählt von ihrer Kindheit in Floridsdorf, wo sie auf der Brünner Straße aufgewachsen war. Ich kenne einige der beschriebenen Plätze, oute mich ebenfalls als Floridsdorfer und erzähle, dass ich dreißig Jahre später noch viele der beschriebenen Orte nahezu unverändert vorfand und ähnliche Erinnerungen an diese in der Kindheit für mich so prägnanten Plätze hege.

Wir sehen von unserem Friedhofsbankerl direkt auf das zu unseren Füßen liegende Floridsdorf hinunter, nur getrennt durch den vorbeifließenden Donaustrom und das Entlastungsgerinne. Links davon befindet sich der Bisamberg, an dessen Hängen sich die Weinorte Stammersdorf und Strebersdorf anschmiegen (siehe ab S. 70). Vieles schiene ihr unverändert und vieles habe sich doch geändert in den letzten Jahren. Und wenn sie hinkomme, dann erkenne sie den Bezirk manchmal nicht wieder. Aber sie fühle sich noch immer ihren Wurzeln verbunden und verweist auch darauf, dass Hannes Androsch und Gitti Ederer aus dem 21. Bezirk stammen.

„Als wir Kinder waren, war die Brünner Straße noch nicht asphaltiert und wir liefen bloßfüßig auf der Straße herum. Im Sommer waren wir im von Bombentrichtern übersäten Überschwemmungsgebiet und gingen in die Donau baden. Dort gab es diese kleinen Imbisshütten ohne Strom, wo die Getränke noch im Wasserschaffel gekühlt wurden. Wenn die Donau über die Ufer trat, dann waren die Hütten halt auch überschwemmt. Aber in Floridsdorf hat sich so viel getan. Früher gab es da so viele Häuser mit Gärten. Heute ziehen sie einen hässlichen Neubau neben dem anderen hoch. Wien war damals auch ausgesprochen grau und ich muss sagen, ich liebte dieses graue Wien. Damit fühlte ich mich verbunden. Es gab ja noch lange nach dem Krieg zerstörte Häuser. Wir wurden auch ausgebombt. Ich wurde ja mitten in den Krieg hineingeboren. Das war eine furchtbare Erfahrung, diese ganze Zerstörung als Kind mitzuerleben. Aber ich hatte nie das Bedürfnis, wie andere aus Wien wegzugehen. Ich musste auch nie wie viele andere Künstler diese Stadt erst hassen, um sie später lieben zu können. Ich konnte mir auch nicht vorstellen, woanders zu leben. Heute habe ich ein Haus in Grinzing, zu dem ich eigentlich von den Vorbesitzern, einem alten Paar, bei dem ich vorher zur Miete wohnte, genötigt wurde. Heute lebe ich dort mit meinem Sohn und wenn ich nicht beruflich unterwegs bin, dann gehe ich gerne spazieren. Ich bin auch heute zu Fuß von der Krapfenwaldlseite gekommen." Sie deutet auf den steilen, verwachsenen Pfad hinter sich.

„Wie mein Verhältnis zum Tod ist, wollen Sie wissen?" Sie atmet aus und denkt kurz nach, bevor sie antwortet: „Mit der Endlichkeit habe ich mich schon lange arrangiert. Jugend bedeutet für mich, noch etwas planen zu können. Das ist mit meinen 75 Jahren heute nicht mehr so leicht. Aber mir ist die Endlichkeit bewusst und ich komme gut damit zurecht." Wir machen uns auf den Weg zum Grab hinauf, das sich ganz hinten, fast an der höchsten Stelle befindet. Wir gehen nebeneinander, in ein Gespräch über André Heller und Udo Proksch vertieft, den mit Gras bewachsenen Weg hinauf, bis wir nach einer Biegung am Ende des Weges an der Grabstätte angelangt sind. Der Grabstein mit dem gemeißelten Strahlenkreuz im oberen Drittel war ebenfalls ein Geschenk und stammt aus Umbrien. Das Grab wird nach wie vor von der ehemaligen Agentin Marisa Mells sorgsam gepflegt. „Siehst, habe ich immer zu Marisa gesagt, du liegst in nobler Umgebung. Lauter Adelige und Grafen." Sie zeigt auf die benachbarten Gruften, der adeligen Familie Nagy-Apponyi und die mit intensiv duftendem Lavendel bepflanzte Ruhestätte des Prinzen Karl Alfred Liechtenstein. Wir lassen uns auf der marmornen Einfriedung einer der prunkvollen Gruften nieder.

„Natürlich rede ich mit der Marisa, wenn ich schon da bin. Aber ich rede auch mit ihr, wenn ich auf dem Nachhauseweg bin. Mein Hund hat auch schon ein paar Mal das Haxerl hier gehoben und ihr einen Gruß dagelassen." Wir verweilen beide eine Zeitlang schweigend, sitzen nebeneinander am Fuße von Marisa Mells letzter Ruhestätte und kommen wieder zum Thema Vergänglichkeit und Endlichkeit. „Ans Grab meiner Tochter kann ich bis heute nicht gehen. [Anm. des Autors: Anna Proksch (1962–1999) erstickte an einem Asthmaanfall.] Das geht ganz einfach nicht und das wird auch nie gehen. Ich vermisse sie so sehr ... Sie wäre heuer 53 geworden ... Mein Enkelsohn ist ja bereits über dreißig ... Manchmal kann man gar nicht glauben, wie schnell die Zeit verfliegt." Sie wird kurz wieder nachdenklich und lässt den Blick über die herrliche Aussicht schweifen, saugt die malerische Umgebung in sich auf. Wir machen uns auf den Rückweg und Frau Pluhar fragt mich, ob ich mit dem Auto da sei, weil heute wegen des Feiertages so viele Menschen unterwegs wären und sie jetzt lieber etwas ungestört und für sich bleiben wollte. Sie nimmt mein Angebot an, sie nach Hause zu bringen, und bei unserem Rückweg machen wir noch an der kleinen Aufbahrungshalle halt, wo die Verabschiedung von Marisa Mell stattfand, bei der Frau Pluhar wie eingangs erwähnt auch ihre erste Totenrede gehalten hatte:

„Pater Laun, der Pfarrer vom Kahlenbergerdorf, (...) hat Marisa dieses Grab geschenkt, es war nötig, Freundin, dir ein Grab zu schenken, in Armut bist du gestorben. Aber vielleicht doch ein wenig reicher, denke ich, als in den letzten Jahren deiner großen Gagen, als dein Körper ausgebeutet wurde und du die Kraft nicht hattest, dich zu widersetzen und nach Liebe Ausschau zu halten statt zu konkurrieren. Wer ist die Schönste im ganzen Land, diese (...) ewig verderbliche Frage hat auch dir das Leben ruiniert."

Auf unserer Rückfahrt erfahre ich noch einige Anekdoten über André Heller („Wir waren ja gar nicht so unglücklich, wenn ich mir das heute anschaue, hat der Heller erst kürzlich gemeint."), Peter Vogel („Der einzig wahre Kottan und ein hochsensibler Mensch, der mit dem Leben nicht fertig wurde.") und Udo Proksch („Der Udo war, als ich ihn kennenlernte, ein ganz ein Lieber."). Der vor einigen Jahren erschienene Robert-Dornhelm-Film *Out of Control*, in dem sie über ihre Beziehung mit Udo Proksch erzählte, hat ihr übrigens nicht so gefallen und sie erzählt mir noch von den skurrilen Probedreharbeiten, die Proksch mit ihr und Marisa Mell machte, wobei sie ausgeflippt und tanzend durch Büsche und Wiesen gelaufen seien. „Einen Goldfinger hatte der Udo auch lange vor dem James-Bond-Film mit Gert Fröbe. Als Nagelersatz bei diesem bizarren Schmuckstück diente ein Diamant. Auch sein Projekt mit den stehenden Beerdigungen war brillant und so wie ich ihn kannte, war er seiner Zeit immer weit voraus. Er war kein unschuldiger Mensch, aber diejenigen, die hinter ihm waren, die waren wirklich viel schlimmer als der Udo Proksch."

Als wir schließlich vor ihrem mit wuchernden Pflanzen überwachsenen Haus anhalten und ich sie aussteigen lasse, steckt sie mir noch mit aufgesetzter Verschwörermiene, dass sie in regelmäßigen Abständen Angebote von Maklern bekäme, weil die glauben, dass hier eine Wahnsinnige wohnt, da das Grundstück mittlerweile fast komplett zugewachsen sei. „Aber daran wird sich in nächster Zeit nichts ändern", meint sie zwinkernd, „selbst als ‚öffentliche Frau' braucht man seinen geschützten Rückzugsort."

Kurz darauf versteckt sich die Sonne hinter hohen Quellwolken und es beginnt zu regnen. Der Wettergott hat heute einmal Recht behalten.

Heurigen-Adressen mit Aussicht

Heuriger Hirt
Eiserne-Hand-Gasse, Parzelle 165, 1190 Wien-Kahlenbergdorf
Tel.: +43 1 318 96 41
Öffnungszeiten: April bis Oktober Mi–Fr ab 15 Uhr,
Sa, So und Feiertag ab 12 Uhr;
November bis März Fr, Sa, So und Feiertag ab 12 Uhr
www.heuriger-hirt.com

Schimankos Winzerhaus
Bloschgasse 7, 1190 Wien-Kahlenbergdorf
Tel.: +43 1 370 73 77
Öffnungszeiten: täglich 12–23 Uhr
www.schimankos-winzerhaus.at

Mayer am Nussberg – Buschenschank
Kahlenberger Straße vis-à-vis 210, 1190 Wien
Tel.: +43 1 370 12 87
Öffnungszeiten: Fr und Sa 14–22 Uhr,
Sonn- und Feiertage 11–22 Uhr (nur bei Schönwetter)
www.mayeramnussberg.at

Wieninger am Nussberg – Buschenschank
Eichelhofweg, 1190 Wien
Tel.: +43 664 854 70 22
Öffnungszeiten: Fr und Sa 14–22 Uhr,
Sonn- und Feiertage 11–22 Uhr (nur bei Schönwetter)
www.wieninger-am-nussberg.at

„Ich möchte bei den Sternen liegen …"
– Rosachrom

Nektar vom Himmel

Hildegard und die Bienen

Ein verwunschenes Grundstück am Rande von Grinzing

Dort, wo in Grinzing die Straßenbahn ihre Endstation hat, beginnt die Himmelstraße, die steil bergan bis zur Bellevuestraße führt und über deren weiteren Verlauf man Cobenzl, Kahlenberg und Leopoldsberg erreichen kann. Von den höchsten Erhebungen, die Wien zu bieten hat, genießt man einen imposanten Ausblick über die ganze Stadt.

Anfangs noch schmal, verbreitert sich die Fahrbahn in ihrem Verlauf. An ihrem Rand sind einige Prachtvillen und luxuriöse Behausungen zu sehen und auch die davor abgestellten Edelkarossen geben einen dezenten Hinweis, dass hier der Quadratmeterpreis für Eigenheime im oberen Bereich angesiedelt ist. Aber es befinden sich auch ältere und vor allem dezentere Häuser in der Himmelstraße, von Bewohnern, die hier schon seit mehreren Generationen heimisch sind. Schon beim Anstieg kann man mit einem Blick zurück ein fantastisches Panorama genießen, mit der neuen Wolkenkratzer-Skyline Wiens, die sich an der Donau auf der Höhe der Reichsbrücke in unmittelbarer Nachbarschaft zum dörflichen Kaisermühlen um den UNO-City-Komplex gruppiert.

An der Hausnummer 40–42, dem Ziel meiner Wanderung, befindet sich das letzte noch erhaltene Bauernhaus von der

Mystisch und romantisch

Wiener Weltausstellung aus dem Jahre 1873 und hier stellt die umtriebige Imkerin Hildegard Burgstaller auch den charaktervollen „Landschaftshonig" her.

Gleich linkerhand des alten Bauernhauses befindet sich auf demselben Grundstück eine kleine, verwunschene Villa inmitten eines völlig naturbelassenen, wild wuchernden Gartens, der dem ganzen Ensemble ob seiner ausfernden Üppigkeit einen mystisch-romantischen Touch verleiht. Dieser Ort scheint der Zeit total entrückt. Verstärkt wird dieser alle Sinne betörende Eindruck durch die antiken Steinsäulen, die eine Sitznische mit einem ebenso steinernen Tisch umrahmen, durch eine aus dem fernen China stammende Nashornfigur, die mit steinernem Blick die gegenüberliegende Hauswand anstarrt, sowie die duftenden Pflanzen, die sich im leichten Wind bewegen, und durch die Stille, die einen beim Betreten des Gartens plötzlich umgibt.

Hildegard und ihr Reich

Hildegard winkt, als sie den Garten durchquert, um mir das Gartentor aufzusperren, und ich teile ihr bereits bei unserer Begrüßung meine Begeisterung über das wunderschön gelegene Grundstück mit, die mich bereits beim ersten Blick über den Zaun gepackt hatte.

Hildegard lächelt und der durchdringende Blick ihrer dunklen Augen bekommt etwas Warmes und Sanftes. Sie trägt einen dunklen, langärmligen Pulli, knielange, weiße Shorts und Sandalen. Ihre ebenso dunkle Haarpracht, die von weißen Strähnen durchzogen ist, trägt sie zu einem Zopf geflochten, der locker über ihre Schulter fällt.

Kennengelernt habe ich Hildegard Burgstaller bereits vor einigen Jahren als regelmäßige Besucherin in meinem Lokal, ich erfuhr aber erst viele Jahre später durch Zufall auf der „Terra Madre" – der Slow-Food-Messe im Wiener Rathaus –, dass sie auch „Landschaftshonig" nach ihrer ganz eigenen Philosophie produziert. Ihre zurückhaltende Art, ihr Blick, der scheinbar bis in andere Dimensionen vordringen kann, und ihr nach außen hin ruhiges Wesen, charakterisieren diese charismatische Frau, die hier mehrere Bienenvölker hegt und pflegt. Und trotz ihres zurückhaltenden Wesens, oder gerade deshalb,

Die Bienenvölker und ihre Königin

schafft es Hildegard spielend, Außenstehende für die erstaunliche Welt der Bienen zu begeistern.

Bevor wir uns allerdings dem summenden Getier widmen, führt sie mich noch über das weitläufige Grundstück, das wie ein verwunschener Park aus einer längst vergangenen Zeit auf mich wirkt.

Aus dem leeren Becken eines ehemaligen Teiches sprießen vereinzelt Pflanzen und die Steinmuschel, aus der in früheren Zeiten das Wasser in einem breiten Strahl ins Teichbecken sprudelte, ist bereits seit vielen Jahren versiegt.

Inmitten dieses Zaubergartens befinden sich die Stöcke der Bienenvölker, die von Hildegard betreut werden.

Während wir uns den summenden Kisten nähern, erklärt sie mir das Projekt „Landschaftshonig", in dem sie mit drei weiteren Mitstreitern unverfälschten Honig produziert, der die natürliche Umgebung, in der die Bienen ihre Rohstoffe sammeln, widerspiegeln soll.

Die Gräser und Pflanzen duften betäubend und das Laub raschelt ganz sanft in der Brise. Die ungezügelte Natur, die sich hier ihren Weg bahnt, steht im starken Kontrast zu den Grundstücken, an denen ich auf meinem Weg hierher vorbeikam: die meisten mit penibel gemähtem Golfplatzrasen und von streng gestutzten Hecken umgeben. Hildegard streift sich eine Haarsträhne aus dem Gesicht und erzählt mir, dass es hier am schönsten sei, wenn die Pflanzen in voller Blüte stehen. Eine Hand hat sie dabei mit einer schon fast beschützend wirkenden Geste auf einen der Bienenstöcke gelegt. Ihr wissender Blick durchstreift den Garten und man merkt, wie sehr ihr diese Umgebung am Herzen liegt. Jedes Bienenvolk hat eine ganz eigene Charakteristik, erklärt sie, was sich auch im Schwärmverhalten auswirkt oder auf die bevorzugten Pflanzen, auf die sich die emsigen Tierchen stürzen.

Seit Jahren analysiert die studierte Bodenwissenschaftlerin das Verhalten der Bienen und erforscht auch die Ertragssteigerungen bei Kulturpflanzen durch die Bestäubungstätigkeit der Honigbienen in und im Umland von Wien. Es ist erstaunlich, wie umfassend die Thematik ihres Forschungsgebietes „Honig als Spiegelbild des Vegetations- und Landschaftswandels" ist und welch weitreichende Auswirkungen sich für die Natur ergeben können, ist das natürliche Gleichgewicht im Lebensraum dieser außergewöhnlichen Insekten erst einmal gestört. Den größten Schaden richten dabei vor allem Pflanzenschutzmittel an und die Lobbykämpfe, die hier von der Industrie geführt werden, geben Anlass zu großer Sorge. Während die US-Regierung nun endlich im Juni 2014 eine eigene „Bienen Task Force" gründete, um dem langjährigen Bienensterben endlich Einhalt zu gebieten, scheint man in der EU noch zu glauben, dieses Problem aussitzen zu können. Auch von den Amerikanern wird in diesem Fall nicht aus reiner Tierliebhaberei gehandelt. Mittlerweile hat nämlich die Dezimierung der Bienenvölker in den Vereinigten Staaten ein Ausmaß erreicht, das wirtschaftlich, immer größer werdende Schäden nach sich zieht. Laut US-Präsidialamt sorgen die Bienen durch Bestäubung jährlich für Agrargüter im Wert von 15 Milliarden US-Dollar und daher wird nun, quasi um fünf vor zwölf, viel Geld in eine Forschungskampagne gesteckt, um die Lebensbedingungen und Gesundheit der Bienen zu verbessern.

In Europa ist man leider noch nicht so weit. Trotz vieler Alarmrufe der heimischen Bienenzüchter wird die Problematik derzeit noch ignoriert. Man kann nur hoffen, dass auch hier bald eine Änderung der Herangehensweise in Sicht kommt.

Um die hölzernen Bienenstöcke, die im Schatten eines riesigen Baumes stehen, schwirren vereinzelt Bienen und ein Prachtexemplar setzt sich sogleich neugierig auf meinen Unterarm und krabbelt um mein Handgelenk. Es kitzelt zwar ein bisschen, aber sonst tut mir das neugierige Tierchen glücklicherweise nichts. Wenn man keine Angst zeigt, dann machen einem die Bienen auch nichts, meint Hildegard. Also ähnlich wie bei Hunden, denke ich bei mir. Das habe ich als Kind erfahren und bei diesen hat diese Taktik bis zum heutigen Tag gewirkt. Also zeige ich auch dem geflügelten Wesen mit cooler Miene, dass ich mich nicht vor ihm fürchte, und es schwirrt wieder zum Bienenstock zurück. Na, wer sagt's denn!

Auf einem der Bienenstöcke steht in Blockbuchstaben folgender Spruch: „Manchmal genügt der Duft einer Blüte und ich entdecke die Erde und den Himmel." Der in arabischen Buchstaben darüber gemalte Schriftzug „in Liebe", erklärt mir Hildegard, sei eine Anspielung auf ihre Liebe zum Detail. Nicht mehr und nicht weniger.

Hildegard erzählt mir, dass jedes der Bienenvölker einen eigenen Geruch und auch Vorlieben für jeweils andere Pflanzen hat, sodass sich aus jedem Bienenstock ein anderer Honig ergibt. Ihre rechte Hand streicht dabei über die Abdeckung eines Bienenstockes. Hildegard vermischt den aus den verschiedenen Stöcken gewonnen Honig nicht, sondern füllt den Honig jedes Bienenvolks separat ab. Auf jedem der abgefüllten Gläser befindet sich sorgsam handschriftlich vermerkt die jeweilige Nummer des Bienenvolks.

Romantische Ecken laden zum Verweilen ein.

Dabei greift sie bewusst nur ganz sanft und behutsam in die Abläufe im Bienenstock ein und entnimmt auch nicht den kompletten Honig, der von den Bienen produziert wird.

Für sie ist bei ihrer Tätigkeit, die sie nun seit 27 Jahren ausübt, der Einklang mit der Natur sehr wichtig und ihr Credo lautet „So wenig wie möglich, so viel wie notwendig".

Das Ergebnis spricht dann auch für sich: Vier Honigsorten werden von den 17 Bienenvölkern erzeugt, über die Hildegard quasi als Oberbienenkönigin „herrscht", wobei eine durchschnittliche Ernte rund 30 kg pro Bienenvolk beträgt und es jeweils zwei Varianten, nämlich den Frühlings- und den Sommerhonig, gibt.

Neben dem „Honig vom Himmel", für den der Nektar von den Bienen aus den pflanzenartenreichen Wiesen und Gärten des Kahlenbergs gesammelt wird, produziert Hildegard mit ihrem Imkerkollegen Fausto Delegà den „Stein-Meer-Honig" im burgenländischen Steinbruch St. Magarethen und den „Landschaftshonig Wienerwald", den sie exklusiv für das Teehaus Demmer abfüllt. Gemeinsam mit den Kindern der Waldorfschule Wien-West stellt sie in dem Schulprojekt „Biene macht Schule" einen eigenen Schulhonig her. Sie zeigt mir auch ein

Foto, auf dem sie umringt von einer Schar Kinder, alle im Imkerschutzanzug, den aufmerksamen Zuhörern die Welt der Bienen spielerisch näherbringt.

Wir durchstreifen bei unserem Gespräch das zum Teil hüfthohe Dickicht. Hildegards ungeschützte, nackte Waden scheint das nicht weiter zu stören, als wir durch die üppige Vegetation die schiefen Stufen zu den beiden Häusern hinabsteigen, während ich sogar durch den Stoff meiner Jeans die Disteln und Dornen spüre. Auf einer antiken Steinsäule thront eine mächtige Steinamphore, die steinernen Bänke sind mit Moos bewachsen und an den Füßen des Säulenensembles schmiegt sich dicht der Efeu. Schlangen soll es hier ebenso geben wie die putzigen Leuchtkäfer, die man in den letzten Jahren leider nur noch selten zu Gesicht bekommt. Als ich noch ein Kind war, gab es sie in reicher Zahl und ich kann mich noch an einige abenteuerliche Leuchtkäferjagden in den Gestrüppen und in den Weingärten an den Rändern der Heurigengastgärten erinnern. Dort spielten wir als Kinder gerne an warmen Sommerabenden, während unsere Eltern beim Heurigen in ausgelassener Stimmung in meist größerer Runde zusammensaßen.

Künstlervilla und Bauernhaus

Die beiden Gebäude inmitten des Gartens, zur Linken die leer stehende Villa und zur Rechten das bäuerliche Überbleibsel der Wiener Weltausstellung, verstrahlen beide eine ganz eigene Aura.

Hildegard widmet sich kurz ihren Bienen und lässt mir einige Augenblicke, um die Häuser und den Garten abzulichten. Ich höre, wie sie währenddessen mit sanfter Stimme zu ihren Bienen spricht.

Auf der fünften Weltausstellung, die von Mai bis November 1873 auf dem Gelände des Praters stattfand, gab es unter anderem einige Nachbauten von damals typischen Bauernhäusern inklusive Einrichtung und Geräten zu bestaunen. Eines dieser Gebäude wurde nach dem Ende der Weltausstellung von dem Messegelände Stein für Stein und Latte für Latte abgetragen, um hier in der Himmelstraße wieder aufgebaut zu werden.

Auf den ersten Blick hat dieses Kleinod etwas von einem Knusperhäuschen an sich. Die sorgsam an den Holztisch gelehnten Klappstühle auf der lauschigen Terrasse zeugen allerdings von einer recht ordentlichen Hexe, sollte hier wirklich eine hausen. Die derzeitige Bewohnerin sei aber keine Hexe, wie mir Hildegard lächelnd erklärt, sondern vielmehr eine schwedische Wissenschaftlerin, die sogar in Sibirien Landschaftsvermessungen durchführte und zurzeit in Wien an einem ihrer Projekte arbeitet. Sie ist allerdings gerade unterwegs und so muss ich mich mit einer Außenansicht dieser massiven Holzkonstruktion begnügen. Zwar waren im Laufe der Jahrzehnte einige bauliche Adaptionsarbeiten notwendig, die Grundstruktur des Hauses blieb aber glücklicherweise unverändert erhalten. Vor den weiß gerahmten Fenstern befindet sich eine steinerne, mit Kletterpflanzen bewachsene Terrasse, über der sich ein hölzerner Balkon befindet. Die Bank, die darunter mit der Lehne zur Hausfront steht, strahlt Gemütlichkeit aus und lädt zum Verweilen ein. Der Blick durch die Fenster dieses pittoresken Häuschens aus einer längst vergangenen Zeit zeugt von Heimeligkeit und einer gewissen Wärme. Allerdings soll es sehr zugig sein, wie mir Hildegard erzählt, die hier bereits für einige Zeit gewohnt hat. Ihre Hand zeichnet dabei die Bewegung des Windes nach. Die Faszination, die von dieser eigentümlichen Behausung ausgeht, ist fast greifbar. Noch mehr hat es mir allerdings das mit gemauerten Steinufern umgebene, leere Teichbecken angetan, das vor dem Nachbarhaus in einer Art Dornröschenschlaf dahindämmert. Zwischen den einzelnen Steinquadern bahnt sich die Natur ungebremst ihren Weg und überall sprießen Pflanzen hervor. Die Umrandungen sind ebenso überwuchert wie der steinerne Brunnen mit dem versiegten Wasserstrahl.

Das unmittelbar dahinter befindliche, von Rosenstöcken umrahmte, einstöckige Haus mit den hölzernen Fensterläden und verwitterten Dachschindeln wird zurzeit allerdings nicht bewohnt. Nur Hildegard hat sich in einer der Wohnungen mit ihrer Imker-Ausrüstung eingemietet und füllt hier den Honig ab. Sie meint auch, dass Häuser immer eine gewisse Traurigkeit ausstrahlen, wenn sie nicht bewohnt sind. Erst durch einen Bewohner sei etwas Bestimmtes, mit Worten nur sehr schwer zu Beschreibendes in der Luft zu fühlen und ein Haus werde erst durch die Aura des Bewohners zum Leben erweckt.

Das noble Gebäude gehörte einst Luigi Kasimir (1881–1962), einem ebenso bedeutenden wie auch umstrittenen Veduten-Maler, dessen Werke nach wie vor auf der ganzen Welt zu sehen sind. Er gilt als einer der wichtigsten Schöpfer von Stadtveduten des 20. Jahrhunderts. Selbst im Vatikan und im Pentagon sind seine Bilder zu finden.

Für viele Jahre war in diesem nun verwaisten Haus eine Art Künstler-WG beheimatet, den Nachbarn immer ein Dorn im Auge, wie Hildegard lakonisch meint. Selbst eines der Aushängeschilder der österreichischen Jazz-Szene, Wolfgang Puschnig (Gründungsmitglied des Vienna Art Orchestra), wohnte hier für eine Weile.

Hinter dem Haus zieht sich das weitläufige Grundstück weiter den Hang hinab. Teilweise über Stufen, teilweise über schmale, verwachsene Pfade. Auch hier finden sich einige Bienenstöcke im kniehohen Gras und die Stille, die hier vorherrscht, wird nur durch das stetige Summen der emsig umherfliegenden Tiere unterbrochen. Sehr sanft und gar nicht aggressiv klingen die Summgeräusche und bilden einen einlullenden Soundtrack, der den fürstlichen Ausblick auf die vis-à-vis liegenden, mit Weinreben bepflanzten Hänge Grinzings passend untermalt.

Das unterhalb am Hang anschließende Grundstück wäre auch käuflich zu erwerben, erfahre ich, der Preis würde aber frühestens erst in sechs Lebensspannen verdient sein und so bleibt mir vorerst nur das Schwärmen.

Wir gehen wieder zurück, den Hang hinauf, und Hildegard erklärt mir einige der Pflanzen, die hier gedeihen. Sie scheint nicht nur mit den Bienen, sondern mit allen Gewächsen, die hier ihre Wurzeln schlagen, auf Du und Du zu sein. An verschiedenen Stellen finden sich in der Wiese, scheinbar willkürlich gesetzt, verwitterte Stufen, immer nur wenige an

Treppauf, treppab

der Zahl, dann führt der Weg wieder über mit Wiese bedeckte, schmale Pfade, um kurz darauf wieder von einem Stufenensemble unterbrochen zu werden.

Nach dem Rundgang über das Anwesen betreten wir die Wohnung in Luigi Kasimirs ehemaligem Wohnhaus, die Hildegard für ihre Honigproduktion temporär angemietet hat. Hildegard führt mich durch die leer stehenden Räume, die ungelüftet und feucht riechen. Die Aussicht über die benachbarten Hänge ist malerisch. Hier ließe es sich nach den erforderlichen Umbauarbeiten schon aushalten, denke ich bei mir, während ich Hildegard in den hellen Wohnraum folge.

Hier stehen metallisch glänzende Honigtöpfe und der Honig, von dem ein Teil traditionsgemäß für das Obdachlosen-Sozialprojekt „Vinzirast" gespendet wird, wartet in aufeinander gestapelten Kübeln auf seine Abfüllung.

Von der Blüte bis zum Honig

Hildegard lehnt sich an den Rand des hölzernen Tisches, auf dem die Honigtöpfe arrangiert sind, und erklärt mir Schritt für Schritt das Herstellungsprozedere für Honig.

Aber vorher enthüllt sie mir noch, dass sie durch ihren Großvater zu den Bienen gekommen ist. Hildegard wuchs in Kärnten im Bezirk Spittal/Drau auf. In ihrer kindlich-ländlichen Umwelt war alles, was mit Arbeit verbunden war, auch mit Schmutz behaftet und umso verwunderlicher war für sie, dass ihr Großvater sein schönstes weißes Hemd mit messerscharfer Bügelfalte anzog, wenn er zu den Bienen ging. Mit den Kindern sprach er nicht viel, aber er sprach mit den Bienen und irgendwann fragte er Hildegard, ob sie mit zu seinen Bienen kommen wolle, um ihm bei seiner Imker-Arbeit zu helfen. Ab da hatten es ihr die Bienen und der Honig angetan.

Hergestellt wird dieses süße Elixier aus dem Nektar, den die Bienen sammeln und in einer in ihrem Körper befindlichen Blase zum Transport zwischenlagern, um den mit körpereigenen Enzymen angereicherten Saft im heimischen Bienenstock dann wieder auszuspucken. Der so vorbehandelte Nektarsaft wird in den Waben der Stöcke eingelagert, wo ihm Flüssigkeit entzogen wird und der Honig heranreifen kann, bis er vom

Bienenstockphilosophie

Imker entnommen wird. Ein nicht unbeträchtlicher Anteil wird natürlich von den Bienen selber verzehrt.

In jedem Stock gibt es eine Königin, die größte und von den weiblichen Arbeitsbienen sorgsam mit Gelée Royale hochgepäppelte Biene, deren Hauptaufgabe das Eierlegen ist. Sie wird nur einmal, beim sogenannten „Hochzeitsflug", von ungefähr vierzig männlichen Drohnen, die bei diesem Akt ihr Leben aushauchen, befruchtet und mit diesem „Befruchtungsvorrat" kommt sie dann auch die nächsten Jahre aus.

Die in sogenannten Zargen befindlichen Wabenstöcke werden entnommen, dann wird sorgfältig per Hand der Wachsdeckel, der sich an der Oberfläche befindet, mit einem speziellen Schabgerät vorsichtig entfernt und der Honig mithilfe einer Trommel behutsam herauszentrifugiert. Die Flüssigkeit, die sich am Boden der Schleuder sammelt, wird noch einmal gesiebt, um etwaige Wachsrückstände zu entfernen, und dann könnte man den Honig theoretisch bereits abfüllen. Da aber beim Zentrifugieren Luft in den Honig gerät, lässt Hildegard ihrem Honig noch genügend Zeit, damit er sich setzen und so seinen ganzen Charakter entfalten kann. Bis zur Abfüllung lagert sie den fertigen Honig in Edelstahlbehältern.

Eine Ernte wäre allerdings nicht ohne ganzjährige Fürsorge möglich, meint Hildegard. „Kein Nehmen ohne Geben!" Es beginnt bereits bei der Wahl des richtigen Standortes, der von ihr in Hinblick auf Pflanzenartenvielfalt, Schadstoffarmut und Position zur Sonne sorgsam ausgesucht wird. Ein wichtiger Faktor ist ebenso das richtige und zeitgerechte Maß an Präsenz des Imkers für die notwendigen Eingriffe. Aber auch die Ruhe des Bienenvolks muss geachtet werden. Ihren ganz speziellen Umgang mit den Bienen erklärt Hildegard als „Lassen-Geben-Nehmen-Demut". Ein Drittel des Honigs belässt sie immer im Bienenstock zur freien Verfügung der darin lebenden Bienen.

Dem eigentlichen Produkt Honig wird nichts weggenommen und auch nichts beigefügt. Nicht einmal die Hand des Imkers berührt den Honig auf seinem Weg von der Wabe in das Glas. Der so gewonnene, wertvolle „Landschaftshonig" ist dadurch ein unverfälschtes Abbild einer ganz bestimmten Landschaft in einer ganz bestimmten Zeitphase.

Ob sie auch mit den Bienen spreche wie ihr Großvater, will ich noch zum Abschluss wissen, da ich Hildegard ja vorher beim Kommunizieren mit ihren Bienen beobachten konnte. Grundsätzlich gebe sie die Komplimente, die sie von ihren Kunden bekommt, an die Bienen weiter, meint sie. Honig sei eben ein Gemeinschaftsprodukt von Bienen und Pflanzen, eben ein „Buch der Landschaft. Wenn ich einen Bienenstock öffne, dann möchte ich vorerst einmal den Duft des Bienenvolks wahrnehmen. Da gibt es durchaus Unterschiede! Auch wenn es für Außenstehende vielleicht blöd klingen mag. Ich bedanke mich bei den Bienen für das von ihnen Gebotene, was ich mit all meinen Sinnesorganen wahrnehmen darf. Und das ist nicht nur der Honig allein! Genauso entschuldige ich mich auch bei meinen Bienenvölkern für die unangenehmen, aber eben notwendigen Eingriffe. Mein Imker-Kollege Fausto Delegà hat sehr trefflich formuliert: Die Biene ist die Schriftstellerin, wir Imker sind nur die Herausgeber."

Nachdem ich in den Genuss einiger Kostproben gekommen bin, treten wir wieder, ich mit klebrigen Fingern, aus dem feucht riechenden, leeren Haus in den Garten und Hildegard erzählt mir in ihrer bedächtigen und ruhigen Art, dass ein gewisses Umdenken bezüglich der Verwendung von Honig einsetzen müsse, da dieser nicht nur als Medizin, sondern auch als wertvolle Ergänzung in der Küche Verwendung finden kann.

Als wir uns verabschieden, meine Finger kleben immer noch und der intensive Geschmack des süßen Honigs haftet an meinem Gaumen, lasse ich noch einmal den Blick durch diesen Kosmos schweifen, der hier, abgesehen von Hildegards Bienenzucht, entrückt von der ihn umgebenden Welt friedlich in einem märchenhaften Schlaf zu liegen scheint.

Ich schließe das große Gartentor hinter mir, betrete die Himmelstraße und bin trotz des Namens wieder in der realen Welt angekommen. Den verwunschenen Garten, in dem die Bienenkönigin Hildegard über ihre Völker herrscht, lasse ich hinter mir.

Ich setze meine Wanderung entlang der Himmelstraße fort und gelange schon nach kurzer Zeit auf die heute ausnahmsweise vollkommen menschenleere Bellevue Wiese, die wegen ihrer tollen Aussicht an den Wochenenden von den Wienern gerne zum Picknicken genutzt wird. Unter der Woche hält sich hier der Andrang selbst bei schönem Wetter in Grenzen. Manchmal hat man diesen Platz sogar ganz für sich allein und kann die Aussicht über die einem zu Füßen liegende Stadt ungestört genießen.

Ich sitze auf meiner Jacke, blinzle zu den Wolken hoch, aus denen hin und wieder die Sonne durchbricht, und öffne ein kleines Honigglas, das mir Hildegard auf den Weg mitgegeben hat. Immer wieder tauche ich meine Finger in das Glas und lutsche mir die klebrige Flüssigkeit genussvoll ab. Vor mir breitet sich die Stadt, in der es genauso wuselt wie in einem

Bienenstock, in ihrer ganzen Pracht aus. Aber hier oben ist von ihrem Summen und Brummen kein Geräusch zu vernehmen.

Die Produktionsstätte von Hildegard Burgstaller in der Himmelstraße ist leider für die Öffentlichkeit nicht zugänglich. Ein neugieriger Blick über den Zaun ist aber jederzeit möglich. Der Verkauf für den charaktervollen Landschaftshonig befindet sich in der Eroicagasse 30, 1190 Wien. Wegen der stetig steigenden Nachfrage wird das Geschäft zurzeit ausgebaut. Eine vorherige Anmeldung über *www.landschaftshonig.at* ist ratsam. Einige ausgewählte Geschäfte und Hotels haben den Landschaftshonig bereits in ihr Sortiment aufgenommen. Eine Liste der Verkaufsstellen schickt Ihnen Hildegard Burgstaller gerne zu.

Nachsatz: Zwei Tage nach dem Gespräch mit Hildegard ist den heimischen Medien zu entnehmen, dass aufgrund Varroamilbenbefalls (der mit Ameisensäure bekämpft werden kann), fehlender Baumläuse und wegen des unsteten Wetters ein 90%iger Ertragsausfall für heimische Imker prognostiziert wird.
 Viele der Waben werden heuer leer bleiben.

Rezept

Verblüffend einfach und genauso schnell kann man selbst dem besten Honig mit dieser Rezeptur noch eine neue Geschmacksnuance entlocken.

HONIG MIT AFGHANISCHEM SAFRAN

Den Honig vorsichtig erwärmen (wird der Honig zu hoch erhitzt, verliert er an Inhalts- und Wirkstoffen) und nur eine kleine Prise der Safranfäden 1–2 Minuten lang unterrühren. Der Geschmack dieses hochwertigen Safrans ist sehr intensiv, daher lieber vorher abschmecken, bevor man nachwürzt. Den Honig noch warm in verschließbare Gläser füllen und in einem dunklen Raum lagern. Die Haltbarkeit beträgt einige Monate.

Schon ein kleines Löffelchen dieser exotischen Köstlichkeit wertet jede Käseplatte auf und ist besonders zu reiferem Parmigiano Reggiano oder Taleggio zu empfehlen. Aber auch zu gartenfrischen Erdbeeren mit Fiocco-Eis passt diese Köstlichkeit bestens. Oder pinseln Sie den Sonntags-Schweinsbraten mit diesem Honig während der Garzeit alle 15 Minuten ein. Der Fantasie sind hierbei keine Grenzen gesetzt.

„A Schmalzbrot und a Viertl Wein,
Kann oft die letzte Rettung sein
Füa mi, sunst bin i hi
Weu wann's der Körper doch verlangt
Könnt sei, dass ma ansonst erkrankt
Jawohl"
– Wolfgang Ambros & Georg Danzer,
A Gulasch und a Seidl Bier

Transdanubisch

Lebenslust in Floridsdorf

Von transdanubischer Lebenslust und stürmischen Tagen in Floridsdorf

Am linken Ufer der Donau, auch manchmal in leicht abfälligem Ton „Transdanubien" tituliert (abfällig übrigens völlig zu Unrecht, befinden sich dort doch einige von Wiens schönsten Ecken!) erstrecken sich die beiden Gemeindebezirke Floridsdorf, benannt nach dem Bischof Floridus Leeb, und Donaustadt vom nördlichsten Zipfel der Stadt an den Hängen des Bisamberges bis zu ihrem südöstlichsten Rand, wo sich die weitläufigen, unberührten Auen der Lobau ausdehnen. Beide Bezirke haben ihre ganz eigenen Reize und Ecken, wo die Zeit manchmal noch ein bisschen stehenzubleiben scheint und die Hektik der Großstadt in den Hintergrund tritt.

Stundenlange Spaziergänge und Erkundungstouren kann man auf den unzähligen Pfaden durch die Lobau unternehmen, sei es, um die Reste des ehemaligen Soldatenfriedhofs aus den Napoleonischen Kriegen zu besichtigen oder um einen Bummel entlang der Neuen Donau machen. Auch der Donaupark mit seinem Wahrzeichen, dem Donauturm, und die benachbarte Alte Donau locken den neugierigen Wienbesucher. Und nach einem Appetit machenden Tag im Wasser der kühlenden Alten Donau kann man sich in den Gärten der dort ansässigen Wirtshäuser bei einem feinen Schnitzerl oder einem

Die Stammersdorfer Kirche

butterweichen Kalbsbraten stärken oder zu einem der Floridsdorfer Heurigen pilgern, die nur einige Straßenbahnstationen entfernt am Stadtrand angesiedelt sind.

Im Gegensatz zur Donaustadt, die – einmal abgesehen von der Kuppel des Rinterzelts (im Volksmund schlicht als „Mistzelt" tituliert) und den dahinter befindlichen grün bewachsenen Hügeln aus städtischem Müll – keine auffällige Erhebung bieten kann, zieht sich die Bezirksgrenze Floridsdorfs an seinem nördlichsten Rand entlang des Bisamberges. Dieser ist bei den Wienern nach wie vor ein sehr beliebtes Wochenendausflugsziel, auf dem sich mit rund 200 ha Nutzfläche gleichzeitig das größte geschlossene Weinbauareal der Stadt befindet. In den beiden Heurigenorten Stammersdorf und Strebersdorf, deren beiden Kellergassen sich unmittelbar an der Stadtgrenze treffen, und dem dazwischen liegenden Jedlersdorf, findet man eine ungeheure Dichte an Buschenschanken, in denen man sich stundenlang bei einem Tratscherl dem Wiener Wein und vor allem der Gemütlichkeit ungestört hingeben kann. Im Gegensatz zu dem auf der anderen Seite der Donau befindlichen Heurigenort Grinzing wird man hier vergeblich die Busladungen japanischer und russischer Touristen suchen,

Kellergassenromantik

die den dortigen Buschenschanken etwas absurd „Disneylandmäßiges" verleihen, wenn die einfallenden ausländischen Reisegruppen zu Polonaisen über Heurigentische und -bänke gezwungen werden. Im Arbeiterbezirk Floridsdorf sind die Wiener noch überwiegend unter sich. Teilweise verfallene und etliche neu adaptierte Weinkeller, die direkt in die Lehmwände getrieben wurden, entdeckt man bei einem Spaziergang durch die lauschigen Kellergassen, die zum Teil durch von üppiger Vegetation überwucherte, enge Hohlwege führen, wo sich selbst die Mittagssonne schwer tut, das dichte Blattwerk zu durchdringen. Oft stehen Bänke einladend vor den Weinkellern, die mit ausgehängten „Buschen" signalisieren, dass bei ihnen „ausg'steckt" ist. Bei stark besuchten Großveranstaltungen, wie den legendären, im Herbst stattfindenden Stammersdorfer „Stürmischen Tagen", die das sonst vorherrschende Idyll in ein rauschendes Volksfest verwandeln, kann es dann auch ob des Besucheransturms schon einmal eng werden.

Stürmisches Herbstfest

Genussvoll und manchmal weit über den Genuss hinaus wird an diesem Wochenende dem traditionell beliebten „Sturm" zugesprochen, der hier in den Buschenschanken angeboten wird. Dabei handelt es sich um die vorletzte Phase der Metamorphose des Rebensaftes, bevor er zum „Staubigen" mutiert und schließlich als Wein endet – vorausgesetzt, man lässt ihm genug Zeit für die Entwicklung.

An den „Stürmischen Tagen" herrscht Volksfestatmosphäre mit Schießbuden, Schaukeln und Ringelspiel. Die Kellergasse und die Stammersdorfer Hauptstraße werden gesperrt und für das durstige Volk freigegeben.

An drei Tagen wird dann dem trüben Traubensaft, manchmal picksüß, manchmal auch herb und säuerlich, eifrigst gehuldigt. Der Rauschfaktor, den dieses Getränk in sich birgt, ist enorm. Der Fruchtzucker verstärkt die Wirkung des Alkohols um ein Vielfaches und ehe man es sich versieht, hat man „einen picken", dass einem die Beine nicht mehr gehorchen. Ein Ritual besagt, dass man in jeder Sturmsaison so viele Vierteln trinken muss, wie man Lebensjahre zählt, und das wird mit fortgeschrittenem Alter logischerweise immer schwieriger.

Direkt hinter mir befindet sich die Stadtgrenze.

Es wird auch nicht zugeprostet, sondern mit einem nonchalanten „Mahlzeit" werden die Gläser aneinandergeschlagen und in geselliger Ausgelassenheit geleert. Manchmal hat man auch den Eindruck, dass so manch ergrauter Herr oder so manch ergraute Dame das gesamte „Sturmkontingent", das auf eine Saison aufzuteilen ist, an dem kurzen Wochenende der „Stürmischen Tage", an dem sich Stammersdorf in „Sturm-Village" verwandelt, auf einmal genossen hat. Die feiernde und trinkende Besucherschar, die eine Schnittmenge mehrerer Generationen der Wiener Bevölkerung darstellt, gibt dem Ganzen einen Anstrich von alter Brauchtumspflege. Dabei wurde dieses allseits beliebte Fest erst vor einigen Jahren ins Leben gerufen.

Wer einen Spaziergang durch Stammersdorf macht, dem bieten sich einige Einkehrmöglichkeiten in eine der hier überall vorzufindenden Buschenschanken.

Auch Wiens Paradewinzer Fritz Wieninger, dessen internationale Reputation dem Wiener Wein einen gewaltigen Bekanntheitsschub in der gesamten Weinwelt bescherte, ist in Stammersdorf mit einem Vorzeige-Heurigen ansässig.

Peter und der Wein

Einer der besten und gleichzeitig unterbewertetsten Weinmacher im 21. „Hieb", wie die Wiener ihre Bezirke nennen, ist allerdings Peter Bernreiter, der mit seinem bei Jung und Alt beliebten Heurigenbetrieb in der Jedlersdorfer Amtsstraße ansässig ist. Sein Betrieb ist seit vielen Generationen im Familienbesitz. Der Weinbau wird von den Bernreiters seit 1920 betrieben. Alle Lagen der zwölf Hektar großen Anbaufläche, über die der sympathische Weinmacher zurzeit verfügt, liegen nördlich der Donau am Südhang des Bisambergs. Hier dominieren in den Weinrieden sandige Lössböden, nur selten sind schwerer Tegel oder Lehm anzutreffen. Bernreiters Vorliebe sind die Burgundersorten und nicht nur seine Rotweine altern vorzüglich, auch seine Weißweine entfalten ihre ganze Komplexität oft erst nach einigen Jahren Flaschenreife. 17 verschiedene Weine werden glasweise angeboten und bei dieser erklecklichen Anzahl von Ausnahmetropfen fällt die Wahl besonders schwer. Mit seinem Gemischten Satz „Gabrissen" gelang ihm sogar die Goldmedaille bei der Wiener Landesweinbewertung 2014. Auch an der Ostküste der USA herrscht bereits rege Nachfrage nach seinen Weinen, weil Peter trotz all der in den letzten Jahren erhaltenen Auszeichnungen seinen Rebsaft nach wie vor zu äußerst moderaten Preisen anbietet. Bei den Weißweinen sind der Chardonnay und der Grauburgunder immer eine gute Wahl, wogegen bei den Roten der Blauburgunder und die aus Merlot, Cabernet Sauvignon und Shiraz komponierte Cuvée „Il Trittico" den Gaumen mit immenser Länge und einem druckvollen Abgang erfreuen. Gepaart mit dem üppigen Buffet, bei dem ganz klassisch Gebackenes, Schweinsbraten, Liptauer und Schmalzbrot dominieren, schmecken die exzellenten Weine Peter Bernreiters gleich noch einmal so gut und nicht ohne Grund ist dieser Traditionsheurige auch wochentags das Ziel vieler Wiener aus der Umgebung. Gerade die Beständigkeit und das ausgezeichnete Preis-Leistungs-Verhältnis seiner Buschenschank sorgen für viele Stammgäste, die „beim Bernreiter" gern ein Glaserl trinken.

Zu erreichen sind die Jedlersdorfer Amtsstraße und der Weinort Stammersdorf am Rande der Stadt von der City aus ganz leicht, indem man am Schottenring die 31er-Straßenbahn besteigt und mit der Tramway, ohne umsteigen zu müssen, quer durch den zweiten und den zwanzigsten Bezirk, über die Floridsdorfer Brücke und anschließend über die Brünner Straße

Peter an seiner Wirkungsstätte im Weingarten

Klassische Wiener Heurigenkultur beim Bernreiter

bis zur Station Frauenstiftgasse (Jedlersdorf) oder bis zur Endstation (Stammersdorf) gemütlich hinausrattert. Die Fahrt mit der „Bim" (Straßenbahn) lohnt sich aus vielerlei Gründen, denn unter dem Motto „Der Weg ist das Ziel" quert man bei dieser nicht uninteressanten Fahrt, die sonst in keinem Reiseführer aufscheint, nicht nur drei typische Wiener Gemeindebezirke (Leopoldstadt, Brigittenau und Floridsdorf), an der Route des 31ers liegen auch einige geschichtsträchtige Orte der Stadt wie zum Beispiel die Rossauer Kaserne, der Augarten mit seinen Flaktürmen, der Hannovermarkt mit seinem türkischen Flair, der Floridsdorfer Spitz, der bei den Februaraufständen 1934 heiß umkämpfte Schlingermarkt oder der verwunschen vor sich hin dämmernde jüdische Friedhof in Floridsdorf.

Zwei Gassen von der Station Frauenstiftgasse entfernt befindet sich die Amtsgasse. Diese typische Floridsdorfer Vorstadtgasse führt direkt zum Heurigen Peter Bernreiters. Dort, wo die nach Zerstörungen und Bränden mehrmals wieder aufgebaute, puppenstubenhaft kleine Kapelle von Jedlersdorf liegt (die Population Jedlersdorfs wurde nach einer Pestepidemie sogar einmal bis auf 37 Bewohner dezimiert), verengt sich die Fahrbahn auf eine Fahrspur. Und genau auf der Höhe dieser

Kapelle befindet sich der seit den Zwanzigerjahren des vorigen Jahrhunderts existierende Buschenschank von Peter Bernreiter, der diesen transdanubischen Klassiker der Wiener Heurigenkultur von seiner Mutter übernommen hat, die den Betrieb wiederum vom Vater übertragen bekommen hatte. Der ehemalige Bernreiterteich, der leider einem zubetonierten Parkplatz weichen musste, wurde sogar nach Peters Urururgroßvater benannt, der in der Zeit von 1848–1869 mit zwei Unterbrechungen Ortsrichter und Bürgermeister war.

Geöffnet ist in den geraden Monaten, die ungeraden sind für den Nachbarbetrieb, den ebenso weit über Wien hinaus bekannten Heurigen Christ, reserviert.

Entscheidet man sich allerdings, die Tramway erst bei der Endstation in Stammersdorf zu verlassen, empfiehlt es sich, den Ort bei einem relaxten Spaziergang zu durchqueren (der alte Dorffriedhof hinter der Kirche liegt malerisch mitten in den Weinbergen) und am anderen Ende von Stammersdorf die romantische Kellergasse oder sogar den Bisamberg zu erwandern, um dort eine der zahlreichen Buschenschanken zu besuchen oder ganz einfach die tolle Aussicht und das Lokalkolorit zu genießen.

Heurigentipps aus Transdanubien

Weingut und Buschenschank Peter Bernreiter
Amtsstraße 24-26, 1210 Wien, Tel.: +43 1 292 36 80
Öffnungszeiten: an den geraden Monaten täglich ab 14 Uhr,
Samstag ab 12 Uhr, Sonn- und Feiertage ab 10 Uhr
www.bernreiter.at

Weingut und Heuriger Christ
Amtsstraße 10-14, 1210 Wien, Tel.: +43 1 292 51 52
Öffnungszeiten: an den ungeraden Monaten täglich ab 15 Uhr
www.weingut-christ.at

Das stets gut besuchte Gasthaus Kopp

Heuriger Wieninger
Stammersdorfer Straße 78, 1210 Wien, Tel.: +43 1 292 41 06
Öffnungszeiten: Do und Fr 15–24 Uhr, Sa und So 12–24 Uhr
www.heuriger-wieninger.at

Buschenschank H. P. Göbl
Stammersdorfer Kellergasse 131, 1210 Wien, Tel.: +43 1 294 84 20
Öffnungszeiten: Fr, Sa und Mo ab 16 Uhr,
Sonn- und Feiertage ab 12 Uhr
www.weinbaugoebel.at oder www.helmut-krenek.at

Verlässt man auf dem Weg nach Floridsdorf die Tram bei der Station Friedrich-Engels-Platz, gelangt man über die Engerthstraße zu einer weiteren empfehlenswerten Adresse. Zwei Ecken entfernt vom Wolkenkratzer der Millennium City, der seit einigen Jahren die Skyline Wiens beherrscht, befindet sich die Beislinstitution und -bastion der Familie Kopp, die weit über die Grenzen des zwanzigsten Bezirks hinaus bekannt ist. Von sechs Uhr früh bis nach Mitternacht wird hier Wiener Wirtshausküche in großen Mengen und zu günstigen Preisen angeboten. Viele der Gäste kommen auch mit eigenen

"Plastikbehältnissen", um sich die Speisen für den häuslichen Verzehr mitzunehmen. Wenn man nicht für die Großfamilie einen Tisch reserviert hat, setzt man sich irgendwo an einer der langen Tafeln dazu und genießt die urige Atmosphäre eines der letzten Beiseln, das bereits in dritter Generation von der Familie Kopp betrieben wird. Wer „haglich", also heikel, ist und sich an Zigarettenrauch oder an den nicht zu den oberen Zehntausenden zählenden Gästen dieser Gaststätte stößt, der ist hier an der falschen Stelle. Gulasch, Schnitzel und Schweinsbraten stehen hier natürlich an oberster Stelle der Speisekarte. Aber auch Saisonales wie Martinigansl, Heringsschmaus, Wild oder Schwammerl sind hier immer eine fixe Bank.

Der Beislklassiker im Schatten des Wolkenkratzers:
Gasthaus Kopp
Donaueschingenstraße 28, 1200 Wien, Tel.: +43 1 330 43 92
Öffnungszeiten: Mo, So 6–24 Uhr, Di 6–16 Uhr, Mi–Sa 6–1 Uhr
www.gasthaus-kopp.at

Rezept

Grammeln haben in der Wiener Wirtshausküche (Grammelstrudel, Grammelknödel) und bei den Heurigenbuffets (Grammelschmalzbrot, gesalzene Grammeln) eine langjährige Tradition und schmecken besonders gut zu einem Glas Gemischten Satz oder zu einem Viertel Sturm. Das nachfolgende Rezept stammt aus meinem Familienkochbuch.

Weinempfehlung
Gemischter Satz „Gabrissen", Peter Bernreiter,
Jedlersdorf, Wien

GRAMMELKNÖDEL MIT SPECKKRAUT
Zutaten (für 4 Personen)

Knödel
½ kg mehlige Erdäpfel
2 Eier
1 nussgroßes Stück Butter
150 g griffiges Mehl
Muskatnuss, Salz

Füllung
250 g Grammeln
1 Zwiebel
1 Knoblauchzehe
gehackte Petersilie
Salz

Kraut
1 Krautkopf
1 Zwiebel
100 g in Würfel
  geschnittener Bauchspeck
1 Lorbeerblatt
Pfefferkörner, Kümmel,
  Wacholderbeeren
3 EL Schmalz
1 EL Staubzucker
Salz
¼ l Weißwein

Zubereitung

Den Krautkopf in Streifen schneiden. Im erhitzten Schmalz den Zucker auflösen und leicht anbräunen lassen. Zwiebel und Speck beifügen und kurz anbraten lassen. Das geschnittene Kraut und die Gewürze dazugeben. Mit Wein und Wasser aufgießen und ca. 15 Minuten dünsten, bis das Kraut weich aber noch knackig ist.

Die Grammeln fein hacken. Zwiebel würfeln, Knoblauchzehe in dünne Streifen schneiden und gemeinsam mit der gehackten Petersilie anschwitzen. Die Grammeln unterrühren, mit Salz abschmecken und für einige Minuten anrösten. Nach Erkalten der Masse mit nassen Fingern kleine Bällchen formen.

Die geschälten Erdäpfel weich kochen und durch eine Erdäpfelpresse drücken oder mit einer Gabel zerkleinern. Eier, Mehl und die weiche Butter untermengen. Mit Salz und geriebener Muskatnuss abschmecken. Die Grammelbällchen mit dem Erdäpfelteig umhüllen, Knödel formen und in siedendem Salzwasser ca. 15 Minuten ziehen lassen.

Speckkraut auf flachem Teller verteilen, Grammelknödel halbieren und die beiden Hälften auf dem Speckkraut anrichten.

„Im Kino spielt's nur Schmutz und Schund,
an jeder Ecke pischt ein Hund,
käufliche Liebe, Zeitungsdiebe,
perverse, zügellose, rohe Triebe,
das ist der Großstadtdschungel ..."
– Drahdiwaberl, *Großstadtdschungel*

Volxkino

Cineastisches unterm Sternenhimmel

Andreas Kous –
der Mann, der die Bilder zum Laufen
und das Kino zu den Leuten bringt

Biegt man von der Haidgasse kommend in die Große Sperlgasse, im 2. Bezirk, gleich beim Karmelitermarkt, fällt sofort die buntbemalte Front eines Lkws auf, die hier in die Mauer eingelassen ist. Sie ist praktisch das Firmenschild der St. Balbach Art Produktion GmbH, deren Büro und Zentrale hier liegt. Hinter diesem ominösen Namen steckt eine cineastische Institution, die heuer bereits ihr 25-jähriges Bestehen feiert. Das sogenannte „Volxkino", ein Wander- und Open-Air-Kino, bespielt in ganz Wien gratis (!) verschiedenste nichtalltägliche Locations wie Märkte, Parkanlagen oder Plätze in Gemeindebausiedlungen mit einem anspruchsvollen Arthaus-Film-Programm, das alljährlich vom Betreiber Andreas Kous sorgfältig zusammengestellt wird.

Der umtriebige Andreas Kous, der gerade wegen der sommerlichen Hitze vor der Tür seines Büros steht, und ich kennen einander mittlerweile seit mehr als einer Dekade. Bei unseren sporadischen, oft zufälligen Treffen, sprudeln wir nur so über von gegenseitigen Tipps bezüglich neuer und alter Filme, die wir einander ans Herz legen. Oft schon bin ich im Zuge dieser nerdigen Film-Fachsimpeleien über rare Streifen gestolpert, die sonst an mir vorbeigeflimmert wären. (Siehe dazu auch die Filmauswahl „Vienna, City of Crime" am Ende des Kapitels.) Andreas ist ein Vollblutfilmfreak, dessen cineastische Interessen und Vorlieben sich von Jahr zu Jahr ändern, und dementsprechend vielschichtig ist auch das Filmangebot, welches er im Rahmen des „Volxkinos" jenen Wienerinnen und Wienern näherbringt, die sich sonst nur schwer in den Vorführsaal eines Programmkinos verirren würden.

Momentan hat es ihm das Schaffen der belgischen und niederländischen Filmemacher angetan. Auch das Kino des hohen Nordens steht zurzeit in seiner Gunst, wie er mir verrät. Der Duft nach frisch gebackenem Brot, der aus der Backstube der benachbarten jüdischen Bäckerei strömt, ist betörend und bringt meinen Magen zum Knurren. Um nicht in Versuchung zu kommen, mich bereits zu dieser frühen Stunde mit Backwerk und ungesäuertem Brot vollzustopfen, verlegen wir unser Gespräch sicherheitshalber in sein Büro und lassen den verführerischen Geruch draußen vor der Tür.

34 Standorte bespielt der gebürtige Donaustädter, der in Hirschstetten aufgewachsen ist, mit dem „Volxkino" in der heurigen Jubiläums-Saison. Darunter befinden sich so illustre Orte wie der benachbarte Karmelitermarkt, die historisch bedeutsame Tempelgasse, aber auch das Open-Air-Gelände der Arena oder der Ottakringer Sportklubplatz. An all den Stätten macht dieses in Wien einzigartige Wanderkino halt, um das interessierte Publikum mit nicht alltäglichen filmischen Schmankerln zu erfreuen. Heuer bespielt man an 46 Tagen 34 sorgfältig ausgesuchte Locations in 17 verschiedenen Bezirken mit über achtzig Filmen bei freiem Eintritt.

Oft kommen bei Schönwetter bis zu dreihundert Leute aus den unterschiedlichsten Alterskategorien, wenn ein „Gus-van-Zandt"- oder ein „Woody-Allen-Special" ansteht. Die Vorstellungen bekommen dann eine ganz besondere Eigendynamik, wenn sich das Publikum bei Vorstellungsbeginn auf dem von der sommerlichen Hitze erwärmten Boden der bespielten Plätze und Wege wie bei einem cineastischen Mega-Picknick ausbreitet, da selbst die eigens aufgestellten Plastiksesselreihen bei Weitem nicht mehr für den Ansturm der Besucher ausreichen. Für Verpflegung und Getränke sorgen in der Regel die nächstgelegenen Gastronomiebetriebe und oftmals enden die Filmvorführungen, die zwischen Mai und September stattfinden, in sommerlichen Happenings, die dieser Stadt eben ihren eigenen, besonderen Charme geben.

Andreas ist eigentlich gelernter Büro- und Industriekaufmann und begann seine berufliche Karriere im Dienst der Stadt Wien. Befriedigung verschaffte ihm dieser Job allerdings nicht, meint er, während er mit in sich gekehrtem Blick seine Laufbahn Revue passieren lässt. Er schabt mit Daumen und Zeigefinger über seinen Dreitagebart, schiebt das Gestell seiner flippigen Kunststoffbrille zurecht und gibt mir einen kurzen Abriss über seine frühere Tätigkeit, die für einen kreativen Geist wie ihn wirklich nicht die Erfüllung sein konnte. Seine Interessen lagen immer schon bei Musik, Theater und Film und so begann er, neben seiner damaligen hauptberuflichen Arbeit auch Konzert- und Kindertheatertourneen zu organisieren. Er holte sich in verschiedenen Kulturbetrieben wertvolle Erfahrungen, verdiente sich seine ersten Sporen und Ende der 1990er-Jahre bekam er von Bernd Anwander, dem ursprünglichen Erfinder des „Volxkinos", das Angebot, bei ihm einzusteigen. Man wollte mit diesem Projekt das Kino zu den Leuten bringen, wenn schon die Leute von selber nicht mehr ins Kino gingen. Das große Kinosterben hatte, dank heimischen Abspielmöglichkeiten mittels Video und DVD, bereits in den Achtzigern allerorts eingesetzt und viele Lichtspielhäuser schlossen für immer ihre Tore. Mit dem „Volxkino" gelang es den beiden Betreibern, sich zumindest einen Teil des Kinopublikums zurückzuerobern, und eine originelle Alternative zu den aus dem Boden sprießenden, sterilen

Filmfreak Andreas Kous

Multiplex-Kinocentern zu bieten. Jahr für Jahr vergrößerte sich das angebotene Programm des „Volxkinos" und Andreas übernahm nach und nach die Agenden für den Kino-Wanderbetrieb, der nach wie vor vom Kulturamt der Stadt Wien unterstützt wird und sich sonst nur mit der finanziellen Unterstützung der jeweiligen Kooperationspartner vor Ort über Wasser hält. Ein nicht gerade leichtes Unterfangen in wirtschaftlich und vor allem kulturell schweren Zeiten wie diesen.

Besonders am Herzen liegt Andreas allerdings der österreichische Film und er ist immer am Puls der Zeit und in Kontakt mit heimischen Produzenten und Filmschaffenden, um auch anspruchsvolleren Filmen die Möglichkeit zu geben, sich vor einem größeren Publikum zu präsentieren. Bei dem heimischen Doku-Drama *Operation Spring* aus dem Jahr 2005, das sich in eindrucksvollen Bildern mit dubiosen Methoden von Polizei und Justiz im Rahmen einer Großaktion gegen schwarze Dealer befasst, kamen zum Beispiel über 600 Besucher, wie er mir stolz erzählt. Eine beträchtliche Anzahl, von der auch die an diesem für das „Volxkino" so erfolgreichen Abend anwesenden Filmemacher Angelika Schuster und Tristan Sindelgruber schier überwältigt waren.

Was sein schönstes Erlebnis während seines 16-jährigen Mitwirkens am „Volxkino" gewesen sei, will ich von ihm wissen.

Natürlich das unmittelbare Feedback des meist enthusiastischen Publikums, mit dem er oft nach der Filmvorführung ausgiebig plauscht, kommt es wie aus der Pistole geschossen zurück, und die durchwegs positive Resonanz, die er von den Zuschauern auf sein Wanderkino bekommt. Was ihn auch immer wieder aufs Neue erfreut, sei der kunterbunte soziale und ethnische Mix der Besucher. Oft kommen Wiener, die am einen Ende der Stadt wohnen, zu den Vorstellungen in den Außenbezirken am anderen Ende Wiens, um mithilfe der ihnen unbekannten Plätze und Stätten, an denen die Filme vorgeführt werden, ihr Stadtbild zu erweitern. Quasi Bezirkstourismus unter Einheimischen. Mittlerweile sind oftmals auch ausländische Besucher im Publikum, da etliche Wienerinnen und Wiener ihre Besucher ins heimische Sommerkino unter freiem Himmel mitnehmen. Und die Mundpropaganda trägt den Rest dazu bei, diese kulturelle Institution der laufenden Bilder am Leben zu erhalten. Ob es auch ein negatives Erlebnis gebe, das ihm in Erinnerung geblieben ist?

Er denkt einen kleinen Moment nach, zieht die Stirn kraus, starrt nachdenklich ins Leere, während er wieder an seinem Bärtchen zupft, und seine Mundwinkel verziehen sich zu einem spitzbübischen Grinsen …

„Das war der mit Wasser gefüllte Ballon, der auf die Vorführstätte niederging, als wir im 16. Bezirk den Yppenmarkt bespielten. Ich hoffe zumindest, es war Wasser und keine andere Flüssigkeit." Sein breites Grinsen verwandelt sich in ein Lachen. Getroffen wurde glücklicherweise niemand und das Programm konnte ohne weitere Unterbrechungen fortgeführt werden. Sein Handy klingelt und Andreas muss weiter, denn wir befinden uns gerade mitten in der laufenden Spielsaison und es gibt noch viel zu tun für die abendliche Vorstellung. Heute wird der Park der einst berüchtigten Satellitensiedlung am Schöpfwerk bespielt (der Austro-Kinoklassiker *Muttertag* wurde zum Beispiel dort gedreht) und Andreas wird dringend vor Ort gebraucht, da es Probleme mit der aufblasbaren Leinwand gibt.

Ich wünsche ihm noch viel Erfolg für den heutigen Abend, während er sich auf seine Vespa schwingt, den Helm überstülpt und sich mit knatterndem Auspuff auf den Weg in den 12. Bezirk macht.

Das komplette Programm für die Spielsaison, die von Mai bis September dauert, ist unter *www.volxkino.at* zu finden.

Laufende Bilder und alles, was so dazugehört:
Satyr Filmwelt Buch- und Medienhandel
Marc-Aurel-Straße 5, 1010 Wien, Tel.: +43 1 533 53 26-0
Quert man vom Karmeliterviertel kommend bei der Hollandstraße den Donaukanal, gelangt man in die Marc-Aurel-Straße. An dieser Adresse unweit des Wiener „Bermuda-Dreiecks", der Fortgehmeile der meist jüngeren Wiener Nachtschwärmer, befindet sich seit fast einem Vierteljahrhundert eines der bestsortierten Filmfachgeschäfte Europas, wenn nicht der ganzen Welt. Ursprünglich befand sich das vom Kabarett-Simpl-Eigentümer Albert Schmidtleitner geführte Geschäft in der Postgasse, wo in bis zum Plafond gefüllten Regalen auf kleinstem Raum vom Filmplakat bis zum seltenen Buch alles angeboten wurde, was mit dem Thema Film zu tun hat. 1990 übersiedelte man dann an die bis heute bestehende Adresse in der Marc-Aurel-Straße, wo seit vielen Jahren ein unverändertes, fachlich äußerst versiertes, oftmals schrulliges Team von Spezialisten den suchenden Filmfreund berät.

Wolfgang Puhl, der als Soundtrack-Sammler bereits an der alten Adresse zu den ersten Kunden zählte, ist einer dieser Spezialisten und gilt in Fachkreisen als wandelndes Lexikon. Seit 1994 ist der ehemalige Bankangestellte für das Satyr tätig

Wolfgang Puhl in seinem Element

und sein filmisches Wissen ist scheinbar unerschöpflich. Machen Sie die Probe aufs Exempel, wenn Sie auf der Suche nach einem raren Streifen sind, dessen Titel Sie nicht mehr wissen. Ein paar nacherzählte Szenen genügen meist und Wolfgang wird Ihnen mit dem Titel und der Verfügbarkeit des Machwerks weiterhelfen können, auch wenn es sich um ein noch so rares Filmchen handeln sollte. Aber auch bei Programmen, Plakaten und Büchern ist der Science-Fiction-, Horror- und Fantasy-Fan stets auskunftsfreudig. Selbst bei den anspruchsvolleren Meisterwerken der Filmhistorie habe ich ihn mit meinen ausgefallenen Wünschen noch nie in Verlegenheit bringen können. In jugendlichen Jahren geprägt durch Initiationsfilme im Dorfkino seines Heimatortes wie *Clockwork Orange, Halloween, Robocop* und sonst allem, „was grauslich ist", hat Wolfgang seine Liebe zum Film zum Beruf gemacht. Aber seine Augen leuchten nach wie vor wie die eines Fans, wenn er von seinen Begegnungen mit Quentin Tarantino, Michael Haneke, István Szabó oder dem in Wien lebenden Drehbuchautor von *Rush,* Peter Morgan, erzählt, die auch zu den Kunden der Satyr Filmwelt zählen.

Natürlich finden sich auch sämtliche Blockbuster im

Programm der Satyr Filmwelt, besonders sorgsam gepflegt wird allerdings in dieser Fundgrube für den Filmfreak die literarische Filmgeschichte. Man bekommt hier alles, was man zu seinem Lieblingsfilm braucht oder sucht, wenn man aus dem Kino kommt, wie Drehbücher, Biografien, Soundtrack-CDs, Filmplakate und Filmprogramme. Natürlich hat auch das Satyr mit dem Einbruch des internationalen Filmmarkts zu kämpfen, aber obwohl es bei der jungen Generation einen Paradigmenwechsel gegeben hat, durch den die Filme fast im Hintergrundberieselungsmodus auf PCs oder Handys laufen, ist Wolfgang überzeugt, dass zumindest ein Nischenmarkt immer vorhanden sein wird. Er schaut Filme nach wie vor ganz klassisch im Kino an, wo er zu seinen Glanzzeiten rund zweihundert Vorstellungen pro Jahr besuchte. Seine Langzeitfavoriten in chronologischer Reihenfolge sind: *Psycho, Spiel mir das Lied vom Tod* und *2001: Odyssee im Weltraum*. Der Mann hat eben Geschmack!

Vienna, City of Crime

Wien diente bereits mehrmals als Filmkulisse für verschiedene internationale und heimische Produktionen. Der James-Bond-Film *Der Hauch des Todes* aus dem Jahre 1987 bediente sich der Vorzeigeorte der Stadt und während ich an diesem Kapitel schreibe, dreht Hollywoods Vorzeige-Scientologe Szenen für den fünften Teil von *Mission Impossible* bei der Wiener Staatsoper. Es gibt in der Filmhistorie Wiens aber auch einige Filmperlen, die sich nicht nur mit den bekannten touristischen Attraktionen wie dem Riesenrad oder dem Schloss Schönbrunn im Hintergrund zufriedengeben, sondern auch die hässliche und schäbige Seite der Stadt zeigen. Nachfolgend habe ich für Freunde des etwas abseitigen Films eine kleine Auswahl von bekannten und weniger bekannten „Midnight-Movies" zusammengestellt, die es nach wie vor wert sind, immer wieder aufs Neue entdeckt zu werden:

Exit – Nur keine Panik
Regie: Franz Novotny, Ö 1980
Exit ist ein „Strizzi-Film", der uns ins Wien der beginnenden 1980er-Jahre versetzt, in denen sich gerade in der

österreichischen Musikszene und im Bereich der Subkultur viel tat. Hanno Pöschl und Paulus Manker spielen die beiden Hauptcharaktere, die sich quer durch die Stadt prügeln, saufen und vor allem auch bei jeder sich bietenden Gelegenheit und an den unmöglichsten Orten eine Nummer schieben. Man erinnere sich nur an die Anfangssequenz auf dem Dach des AEZ-Gebäudes (heute befindet sich dort der neue Bahnhof Wien-Mitte, dessen ursprüngliche Baupläne der City fast den Weltkulturerbestatus gekostet hätten!), in welcher der Beischlafversuch Pöschls unter freiem Himmel jäh durch einen kalten Wasserstrahl unterbrochen wird.

Die Dialoge und Zerstörungsszenen sind im Kontext ihrer Zeit zu verstehen und wirken in ihrer Destruktivität heutzutage auf den Betrachter ziemlich derb und oftmals verstörend. Auch Medienkünstler Peter Weibel hat mit seinem „Hotel Morphila Orchester" in der Gewaltorgie einen Kurzauftritt. Paulus Manker sieht noch erfrischend jung und unverbraucht aus und wer Hanno Pöschl in seiner besten „Strizzi"-Rolle sehen will, kommt an diesem Film sowieso nicht vorbei. Ein bezeichnender Dialog aus *Exit* vermittelt ein klares Bild, wo es bei diesem Kult-Film in etwa lang geht:

Sie: „Für a Schnitzel loss i mi ned pudern!"
Er: „Kriegst a Kompott dazua."

Exit zeigt dem Betrachter in manchmal verstörenden Bildern, ein Wien, das damals kulturell aus einem Dornröschenschlaf zu erwachen schien und sich in vielen Belangen erst neu orientieren musste. Die zum Zeitpunkt des Entstehens von „Exit" noch vielerorts graue Stadt strahlte eine gewisse Tristesse aus, die sich auch in der ersten Folge der Kultserie *Kottan ermittelt* widerspiegelt.

Womit wir auch schon beim nächsten filmischen Meisterwerk wären.

Kottan ermittelt – Hartlgasse 16a
Regie: Peter Patzak, Ö 1976

Ein paar Jahre vor der Handlung von *Exit* ist dieses Kabinettstück eines Wiener Krimis im tristen Vorstadt-Milieu des zwanzigsten Wiener Gemeindebezirks angesiedelt, wie es nicht typischer für diese Zeit hätte sein können. Der viel zu früh verstorbene Peter Vogel spielt den „grantlerten", fast schon unsympathisch wirkenden „Kieberer" („Inspektor gibt's kan!"), der in seinem ersten Fall den Mord an einer alten Frau in einem ebenso alten Bassena-Zinshaus lösen muss. Peter Vogel, der bis zu seinem Suizid mit Erika Pluhar liiert war, spielte die durch ihn geprägte Figur des Major Kottan noch ein weiteres Mal in der Folge *Der Geburtstag*, in der neben Michael Schottenberg und Erni Mangold auch Hanno Pöschl als „Karten prackender" Bundesbahner brillierte. *Hartlgasse 16a* ist aber nach wie vor der mit Abstand beste Kottan-Krimi, bevor die Serie mit dem Vogel-Nachfolger Franz Buchrieser und dem darauf folgenden Lukas Resetarits in nicht immer nachvollziehbaren Klamauk und Nosens abdriftete. Die stimmige Musik zu *Hartlgasse 16a* stammt aus der Feder von Georg Danzer *(Madl du bist a Wauhnsinn, Des kann doch no ned ollas gewesen sein)* und untermalt das bis in die kleinste Nebenrolle liebevoll besetzte „Stiegenhausmelodram" Helmut Zenkers passend authentisch. Zeitlos!

Obszön – Der Fall Peter Herzl
Regie: Hans Christof Stenzel, Ö 1981

Ebenfalls in die Zeit von *Exit – Nur keine Panik* gehört diese ein Jahr später erschienene, in eine ähnliche Kerbe schlagende Groteske des Berliner Regisseurs und ursprünglichen Werbefilmers Hans Christof Stenzel. Udo Proksch als Polizeipräsident („I bin's, dein Präsident!") und wieder Hanno Pöschl, der hier eine gemäßigte Variante seiner „Strizzi"-Rolle zum Besten gibt, sind mit dabei. Der vordergründig sexreiche Plot, der den Film in Deutschland und in Vorarlberg auch auf den Index brachte, spielt zum Teil im festungsartigen Karl-Marx-Hof, der 1934 heiß umkämpfter Schauplatz der Februar-Aufstände war. Eine weitere politische Komponente, nämlich der unrühmliche Nicht-Widerstand der Bewohner in der Zeit der Besetzung Wiens durch die Nationalsozialisten, wurde ebenfalls in die oftmals grotesk wirkende Story eingebracht. Fassbinder-Darsteller Volker Spengler *(Die Ehe der Maria Braun, Berlin Alexanderplatz)* spielt die Hauptrolle des unsympathischen „Piefke", der gleich anfangs blank zieht, von der Polizei irrtümlich für einen linken Terroristen gehalten und landesweit zur Fahndung ausgeschrieben wird. Viel nackte Haut, deftige Dialoge, die in der heutigen Filmlandschaft in dieser Form nicht mehr möglich wären, und ein gewisses Maß an Absurdität zeichnen diesen österreichischen „Bad Movie" aus.

Die Zuhälterin aka ***Poliziotto senza Paura***
Regie: Stelvio Massi, I 1977

Unser allgeliebter italienischer B-Movie-Paradebulle Maurizio Merli rächt und ballert sich diesmal nicht im Clint-Eastwood-Stil und pistolenschwingend durch Mailand, Rom oder Neapel. Nein, diesmal ist das Wien der Siebzigerjahre die Kulisse für diesen nach klassischem Muster gestrickten, aber trotzdem charmanten „Poliziotto", der vor allem ein paar Jahre nach seinem Erscheinen für internationale Schlagzeilen sorgte. Mimte doch in diesem Italo-Krimi eine gewisse Joan Collins in einigen kurzen Sequenzen eine barbusige Tänzerin und natürlich wollte die ganze Welt die entblößten Brüste der mittlerweile durch den Denver-Clan zu Ruhm gekommenen, Akteurin bestaunen. Der Film spielt zu einem Großteil in Wien und zeigt den leider bereits am 10. März 1989 an einem Herzinfarkt verstorbenen Maurizio Merli in seiner Paraderolle als Detektiv Walter, der in der Bundeshauptstadt einen komplizierten Fall zu lösen hat. Das Gebäude der Allgemeinen

Unfallversicherungsanstalt auf der Adalbert-Stifter-Straße musste übrigens in diesem mehr als unterhaltsamen Krimi als Polizeidirektion herhalten. Pflicht für Italo-Film-Fans.

Der Killer von Wien
aka *Lo Strano Vizio Della Signora Wardh*
Regie: Sergio Martino, I 1971

In diesem handwerklich exzellent inszenierten italienischen „Giallo" zieht ein schwarz gewandeter Mordbube mit einem Rasiermesser bewaffnet seine blutige Spur durch Wien. Die genrebekannten Darsteller George Hilton und Ivan Rassimov sowie die unbeschreiblich weibliche Edwige Fenech (gleichzeitig auch die Ehefrau des Regisseurs Sergio Martino) zeigen uns Wien zu einer Zeit, in der man die Kärntner Straße und den Graben noch mit dem Auto befahren konnte, verkehrsumtoster Kreisverkehr auf dem Stephansplatz inklusive. Einige Szenen wurden in der Josefstadt und in Grinzing gedreht. Eine wilde Motorradfahrt über den Ring, der zur Entstehungszeit des Streifens noch in beide Richtungen befahrbar war, und ein rasanter Ausflug mit dem knatternden Motorrad über das holprige Pflaster der Höhenstraße zählen zu den Höhepunkten dieser liebevoll inszenierten Italo-Produktion, in der natur- und drehbuchgemäß auch die Hüllen der weiblichen Akteure mehrmals fallen mussten. Filmkritiker Christian Keßler meint zu diesem Streifen: „Setzt euch in den Fiaker und lasst euch von Droschkenmeister Sergio Martino durch sein ganz eigenes Wien fahren – es lohnt sich!"

Der dritte Mann aka *The Third Man*
Regie: Carol Reed, GB 1943

Der Oscar-prämierte Schwarz-Weiß-Klassiker des Wienfilms schlechthin mit Orson Welles und Joseph Cotten in den Hauptrollen, dessen Plot im teilweise noch zerstörten Nachkriegswien der Besatzungszeit spielt und der uns eine vom

Krieg traumatisierte Stadt zeigt, die noch viele Jahre harte Aufbauarbeit vor sich hat, um wieder im alten Glanz der Vorkriegstage zu erstrahlen. Die spannende Story erzählt in stimmungsvollen Bildern die Geschichte eines amerikanischen Groschenroman-Autors, der sich auf der Suche nach seinem Freund Harry Lime immer tiefer in einem Netz aus Agenten, Besatzungsmächten und Schwarzmarkthändlern verstrickt. Der Soundtrack mit dem weltberühmten „Harry Lime"-Thema verhalf dem Zitherspieler Anton Karas, der mit dieser Melodie als erster Österreicher die Hitparade anführte, für einige Zeit zu Weltruhm. Der unumstrittene Klassiker des Wienfilms läuft seit vielen Jahren fast täglich im Burgkino in der Originalfassung *The Third Man*. Ein Besuch der Filmvorführung mit einer riesigen Tüte Popcorn sollte bei einer Wienvisite genauso dazugehören wie der Besuch des Riesenrades und des Schlosses Schönbrunn.

„Wean, du bist a Toschnfeitl…"
– Helmut Qualtinger & André Heller

„I bin a Sexualverbrecher…"
– Wolfgang Ambros

„… und der Haufen bewegt si vire
hin zum Hofa seiner Türe.
Es schreien die Leit, kumm auße Mörder, aus is' heit…"
– Wolfgang Ambros, *Da Hofa*

Das Grauen wohnt auf der Mazzesinsel

Das Wiener Kriminalmuseum in der Leopoldstadt und ein Gespräch mit dem Ausbrecherkönig Adolf Schandl

Blut und Beuschel im Seifensiederhaus

In der Großen Sperlgasse Nummer 24, nur zwei Häuser neben dem St. Balbach-Büro, befindet sich mit dem sogenannten „Seifensiederhaus" eines der ältesten Häuser der „Mazzesinsel" (so bezeichnet, weil hier das ehemalige jüdische Ghetto lag). Dieses beherbergt das Wiener Kriminalmuseum, das sich gemeinsam mit dem Museum der Bundespolizeidirektion Wien die Räumlichkeiten in diesem sorgsam restaurierten, schönbrunnergelben Kleinod mit dem verträumten Innenhof teilt.

In den eindrucksvoll illustrierten Schauräumen, zwischen sorgfältig beschrifteten Schaukästen und vielerlei Schaustücken, die sich mit der jahrhundertealten Geschichte der Justiz vom mittelalterlichen Wien bis zum letzten Jahrhundert auseinandersetzen, sind in dieser musealen Ansammlung von gewaltsamen Todesfällen, Attentaten und geschichtsträchtigen Mordfällen auch die Konterfeis berühmter Mörder und Illustrationen ihrer Verbrechen in deren gesamten grausamen Ausmaß zu bestaunen. Moulagen von Mordopfern, abgeschnittene Haarlocken, detaillierte Bilder des polizeilichen Erkennungsdienstes und manchmal auch die jeweilig verwendeten Originalwaffen zu den geschilderten Gewaltverbrechen sind hier in den verwinkelten Räumen des Museums, die treppauf und

Schädel des hingerichteten Hugo Schenk

treppab führen, dem neugierigen Blick dargeboten. Der Geruch nach Moder und Feuchtigkeit, vor allem im unteren Geschoß, wo auch der ziegelgemauerte ehemalige Eiskeller zu einem Schauraum adaptiert wurde, unterstreichen die morbide Atmosphäre und wer sich schon einmal intensiver mit den „berühmten" Mordfällen der österreichischen Kriminalgeschichte auseinandergesetzt hat, weiß, dass diese in puncto Grausamkeit und in ihrer oftmals verstörend bizarren Ausführung jenen der restlichen verbrecherischen Welt um keinen Deut nachsteht. Im Gegenteil, Österreich hat in diesem Bereich einen fixen Platz auf dem Siegerstockerl der grausamen Meuchelei eingenommen und wer glaubt, dass üble Mordgesellen wie Jack the Ripper, Albert Fish oder Ted Bundy zu den Spitzenvertretern dieses Genres zählen, dem sei dieses Museum besonders ans Herz gelegt. Denn auch bei uns gab es einen „Aufschlitzer von Ottakring" oder einen „Würger von Wien". Der Betreiber des Museums, Mag. Harald Seyrl, der in den letzten Jahrzehnten bereits etliche Publikationen zu dieser Thematik veröffentlicht hat, ist auf diesem Gebiet ein auskunftsfreudiger Fachmann und seine in der Edition Seyrl erschienen Chroniken über *Tatorte in Wien*, *Mörderisches Wien* oder *Die Wiener*

Polizei zählen zu den Standardwerken auf diesem blutigen Gebiet. Mag. Seyrl betreibt auch das „Österreichische Kriminalmuseum" auf der Burg Scharnstein, von dem das „Wiener Kriminalmuseum" streng gesehen nur ein Ableger ist.

Neben der Guillotine, die in der dunklen Zeit des Nationalsozialismus über tausend Mal zu ihrem blutigen Einsatz kam, ist auch der originale „Würgegalgen", der früher im Hof des Wiener Landesgerichts seinen Dienst versah, hier zu bestaunen. Gänsehaut und aufgestellte Nackenhaare inklusive. Wie viele arme Seelen an diesen beiden Tötungsapparaten wohl ihr Leben aushauchten! Das beklemmende Gefühl wird noch durch die im selben Raum an der Wand fixierte Betbank mit dem darüber befindlichen Kruzifix verstärkt, wo die zum Tode Verurteilten ihre letzten Gebete sprechen konnten.

Die Ausstellungsstücke zeugen von aus den Medien bekannten Gräueltaten, teilweise aus dem Gedächtnis der Allgemeinheit verschwunden, zum Teil noch sehr frisch in Erinnerung, und von dunklen Geschichten, die nach Blut und Verwesung riechen und einen kleinen Einblick in die tiefsten

Der ehemalige Eiskeller

„Der Gasmann ist da."

Abgründe der menschlichen Seele zulassen. Manche der Fälle schafften es sogar, sich im alltäglichen Sprachgebrauch für mehrere Jahrzehnte fest zu verankern. Der Fall Harald Sassak war einer dieser schlagzeilenträchtigen Fälle, wobei der Ausdruck „Der Gasmann ist da" zu Beginn der Siebzigerjahre fast jedem Österreicher geläufig war. Der ehemalige Krankenpfleger Harald Sassak ermordete im Zeitraum zwischen 31. August 1970 und 12. Februar 1972 sechs betagte Damen, bei denen er sich als Gaskassier ausgab, indem er seine arglosen Opfer mit einem gezielten Handkantenschlag niederstreckte, um sie um ihre Ersparnisse zu erleichtern. In einem von der Öffentlichkeit aufmerksam mitverfolgten, aufsehenerregenden Prozess, in dem sich der narzisstische Sassak selbst verteidigte, wurde eine lebenslange Haft wegen Raubmordes, räuberischen Totschlags sowie räuberischen Diebstahls und Raubs über den österreichischen „Serienmörder" verhängt. Sassak war der am längsten inhaftierte Verbrecher Österreichs. Seit 1974 verbüßte er seine Haftstrafe in der Strafanstalt Stein. Im August 2013 starb er im Alter von 66 Jahren in der Pflegeanstalt Weitra, wo er bis zu seinem Tod als unproblematischer und geläuterter Mensch galt.

„I bin's, dein Präsident"

Noch spektakulärer war allerdings der Fall des „Ausbrecherkönigs" Adolf Schandl, dem es gemeinsam mit seinen Komplizen Walter Schubirsch und Alfred Nejedly in einer wahnwitzigen Aktion mithilfe einer aufsehenerregenden Geiselnahme gelang, sich im November 1971 aus der Justizanstalt Stein freizupressen. Zumindest für kurze Zeit. Seine tagelange Odyssee, die von Krems bis nach Wien führte, war Gesprächsthema Nummer eins in den österreichischen Medien und wurde schließlich durch den persönlichen Einsatz des damaligen Polizeipräsidenten „Joschi" Holaubek unblutig beendet. Mit dem in die Kriminalgeschichte eingehenden Satz „I bin's, dein Präsident!" soll er Schubirsch und Nejedly zur Aufgabe überredet haben. Es gibt zwar mehrere Versionen dessen, was tatsächlich gesagt wurde, aber lassen wir es ganz einfach bei dem Satz, der Geschichte schreiben sollte. Schandl, der sich zum Zeitpunkt der Aufgabe nicht mehr bei seinen „Ausbrecher-Komplizen" befand, war in der Zwischenzeit abgetaucht und wurde zwei Wochen später in einer Wohnung in Hernals aufgespürt, wo er sich widerstandslos festnehmen ließ. Schandl und Nejedly erhielten jeweils 16 Jahre schweren Kerker, Schubirsch kam mit zwölf Jahren davon, weil er sich „seinem Präsidenten" ergeben hatte. 1985 wurde Adolf Schandl vorzeitig entlassen, aber nach einem Einbruchsversuch, bei dem es auch zu einem Schusswechsel mit der Polizei kam, wurde er abermals zu zwei Jahren und ein paar Jahre später wegen weiterer Delikte zu 19 Jahren Haft verurteilt, die er in verschiedenen Haftanstalten verbüßen sollte. Wegen akuter Fluchtgefahr wurde er in die Grazer Haftanstalt Karlau verlegt, wo es dem unermüdlichen Schandl 1996 bereits nach ein paar Wochen gelang, mit der Hilfe zweier Komplizen wiederum Geiseln innerhalb der Haftanstalt zu nehmen. Mit einem Hubschrauber und acht Millionen Schilling wollten sie in die Freiheit entfliegen. Die Aktion endete mit einem unblutigen Einsatz der Spezialeinheit Cobra, der es gelang, die weiblichen Geiseln unverletzt zu befreien. Schandl wurde bei einem Geschworenenprozess zu weiteren 19 Jahren Haft verurteilt. Im Juni 2012 wurde er unter Einhaltung strenger Auflagen vorzeitig entlassen. Ein Gespräch mit dem „Ausbrecherkönig" Adolf Schandl, den ich durch einen außergewöhnlichen Zufall kennenlernen durfte, befindet sich am Ende des Kapitels.

Es gibt noch etliche andere „schlimme Finger" in der heimischen Kriminalgeschichte. Zum Beispiel den landesweit bekannten TV-Moderator und Sonnyboy Helmut Frodl, der seine Opfer mit einer Säge in 17 Teile zerlegte. Oder den verwirrten Hackenattentäter Arthur Schack, der ein Mädchen in der Toilette einer U-Bahn-Station mit einer Axt attackierte. Aber auch das Attentat auf den Kaiser oder der heute noch immer sehr undurchsichtig wirkende Fall Plainach, in dem es zur einzigen Hexenverbrennung von Wien kam, und noch viele weitere Verbrechen sind im Kriminalmuseum schonungslos und oftmals reichlich bebildert mit Originaldokumenten und Artefakten im passenden Rahmen erzählt. Für Freunde des „dunklen Wien" ist das Kriminalmuseum in der Leopoldstadt ein Pflichtbesuch, für zartbesaitete Gemüter eher nicht ratsam.

Historisches Gemäuer

Das Haus, in dem sich dieses morbide Museum seit über zwanzig Jahren befindet, ist aber auch ohne seine schaudererregenden Exponate ein wahres Juwel. Die Große Sperlgasse, in der dieses Haus liegt, wurde nach den einst hier gelegenen „Sperlsälen" benannt, einem kulturellen Treffpunkt, an dem in der ersten Hälfte des 19. Jahrhunderts rege Geschäftigkeit herrschte. In früheren Zeiten hieß sie Hauptgasse und zu Zeiten des jüdischen Getto war sie das auch. An dieser Stelle befand sich das Rathaus des selbstverwalteten Bezirks. Nachdem in der zweiten Hälfte des 17. Jahrhunderts die Juden aus dem Getto vertrieben worden waren, wurde das Haus bei der zweiten Türkenbelagerung 1683 schwer beschädigt, konnte aber innerhalb von nur zwei Jahren wieder instand gesetzt werden. Im Torbogen weist noch ein Stein mit der Jahreszahl 1685 darauf hin.

Die Besitzer wechselten im Laufe der Jahrhunderte mehrmals. Vom Seifensieder bis zum Fleischhauer – Letzterer hatte hier bis in die 60er-Jahre des vergangenen Jahrhunderts seinen traditionsreichen, über hundert Jahre bestehenden Betrieb – waren hier die unterschiedlichsten Gewerbebetriebe angesiedelt. Danach verfiel das Haus mehr und mehr und wurde im Jahr 1988 von der Familie Seyrl erworben. Nach dreijähriger

Der Innenhof des Kriminalmuseums

Umbauphase, die ohne öffentliche Gelder durchgeführt wurde, konnte im Jahr 1991 das Museum seinen Betrieb aufnehmen. Besonders das Ensemble des romantischen Innenhofs (das stimmungsvolle Café im Hof ist zurzeit leider geschlossen) erfreut das Auge des Betrachters und wer sich die Zeit nimmt und hier ein wenig länger verweilt, dem fällt es nicht schwer sich auszumalen, wie es hier vor hundert Jahren zugegangen ist. Wobei das einzige Blut, das hier floss, das der geschlachteten Tiere im Fleischereibetrieb der Familie Tschippan war.

Wiener Kriminalmuseum
Große Sperlgasse 24, 1020 Wien
Öffnungszeiten: Donnerstag–Sonntag 10–17 Uhr
Eintritt: € 6,00
www.kriminalmuseum.at

Im Gespräch mit dem „Ausbrecherkönig" Adolf Schandl

„Ich schreib's auf Bürohäuser,
auf ihre Glashäuser,
auf Schlachthöfe
und Friedhöfe,
auf die Mauer der Zementfabrik,
auf die Fenster vom Menschenkäfig,
ich lauf hinaus und schreib auf jedes Haus
meine Liebe, meinen Hass,
ich schreibe: Keine Angst!"
– Hansi Lang, *Keine Angst*

„I wü frei sein, i wü leb'n"
– Wolfgang Ambros

Wir sitzen an einem Spätnachmittag im Gastgarten eines Lokals in der Leopoldstadt, ein paar Gassen vom Kriminalmuseum entfernt. Der Großteil der Wiener, die nicht in den Urlaub gefahren sind, tummelt sich am kühlenden Wasser. Die Stadt wirkt an diesem Sommertag wie ausgestorben. Kein Lüfterl ist zu spüren und die Hitze hängt wie eine Glocke über uns. Adolf Schandl trinkt Apfelsaft. Ich lümmle vis-à-vis in meinem Sessel, nippe an meinem eisgekühlten Himbeer-Soda und fühle mich ob der Hitze matt und träge. Mein Gegenüber sprüht dagegen nur so vor Energie. Seine hellwachen Augen blitzen aufgeweckt, wenn er seine Geschichten und Anekdoten zum Besten gibt, die von seiner bewegten Vergangenheit erzählen und in mehreren spektakulären Geiselnahmen und vielen Jahren Isolationshaft endeten.

Insgesamt vierzig Jahre seines Lebens verbrachte der heute 78-Jährige hinter Gittern. Ohne nachzudenken nennt er die Antwort wie aus der Pistole geschossen, als ich ihn nach der Summe seiner verbüßten Haftjahre frage. Jeden Tag hat er gezählt, der ihn der heiß ersehnten Freiheit näherbringen würde. Seine aufsehenerregenden Verbrechen, die wochenlang in aller Munde waren, bezeichnet er heute als „Dummheiten" und er wünscht, er könne sie ungeschehen machen. Der vor Vitalität und Lebenslust sprühende, schon auf den ersten Blick sympathische ältere Herr, der mir gegenübersitzt, wirkt keine Sekunde wie ein gebrochener Mann, wie man von einem Straftäter, der viele Jahre in Einzelhaft verbrachte, erwarten würde. Seine Lebensfreude ist nach wie vor ungebrochen und er genießt seine wiedergewonnene Freiheit in vollen Zügen.

Heute erhält der Mindestpensionist zwei Drittel seiner Rente vom österreichischen Staat, ein Drittel kommt aus Australien, wo Schandl einige Jahre lebte und sogar in einer Uraniummine schuftete, bis er im Alter von 32 Jahren in Österreich – nach dem Verlust seines Jobs und nach Trennung von seiner Frau – das erste Mal auf die schiefe Bahn geriet. Erst als er den Nachweis für die ihm zustehende Rente bei der österreichischen Justiz erbringen konnte, öffneten sich für ihn nach vielen Jahren endlich die Türen in die Freiheit. Derzeit bewohnt er eine Substandardwohnung in Favoriten und verbringt seine Freizeit im Laaerbergbad oder auch schon mal mit einem ehemaligen Zellengenossen FKK-badend in der Lobau. Was er in seinem Leben am meisten bereut, will ich von ihm

Ausbrecherkönig Adolf Schandl

wissen. Und wieder kommt die Antwort wie aus der Pistole geschossen. „Dass ich das meiner zehnjährigen Tochter damals angetan habe. Dabei ist das doch genau die Zeit, in der ein Kind einen Vater braucht." Er verharrt kurz und es kommen noch weitere schlimme und demütigende Details seiner Haft ans Tageslicht, oftmals wurden an ihm Exempel statuiert.

Was seine Geiseln durchmachen mussten, könne er zwar nicht ungeschehen machen, es tue ihm aber heute noch leid. Nach außen hin musste er als Geiselnehmer natürlich knallhart auftreten, aber er hätte den unschuldigen Zivilisten unter keinen Umständen etwas angetan. Bei den Justizbeamten, die sich auch unter den Geiseln befanden, wäre es vielleicht, wenn es hart auf hart gekommen wäre, nicht so gewesen, wie er unumwunden zugibt. Denn die waren ja an dem unmenschlichen System unmittelbar beteiligt gewesen, das ihn zu seinen Ausbrüchen veranlasste. Sein Komplize Walter Schubirsch gab bei seinem Prozess sogar an, dass einer der Hauptgründe für seine Flucht das ungenießbare Essen der Haftanstalt gewesen wäre. Die Justizreform, die der damalige Innenminister Broda schrittweise umsetzte, und die auch eine Modernisierung der heimischen Gefängnisse zur Folge hatte, ist bis zu einem gewissen Grad somit auch dem „Schandl-Schubirsch"-Fall zu verdanken.

Eine der weiblichen Geiseln bat Schandl sogar, während der quälend langen Stunden der Geiselnahme ihre Hand zu halten, da seine Anwesenheit sie in den aufregendsten Momenten ihres bisher so beschaulichen Lebens komischerweise beruhigte. Sie hatte Vertrauen zu ihrem charismatischen Geiselnehmer gefasst und selbst wenn man Jahrzehnte später in das Gesicht des auf den ersten Blick so unscheinbaren Pensionisten wirft, merkt man, welche Ausstrahlung eigentlich in der Person Adolf Schandls liegt.

Während seiner langen Jahre hinter Gittern hat er sich intensiv literarisch weitergebildet. Zeit genug dazu hatte er ja. Besonders haben es ihm die Aphorismen angetan und er zitiert während unseres Gespräches ohne Unterlass. Ob Rosegger, Nietzsche oder Sartre: Er weiß zu jedem Thema ein passendes Zitat.

Unzählige Fluchtpläne – wie viele es insgesamt waren, weiß er selber nicht mehr genau – hatte er in den langen, einsamen Tagen seiner Isolationshaft geschmiedet. Nächtelang tüftelte er am perfekten Plan. Der Drang nach der heiß ersehnten Freiheit war stets ungebrochen. Von den „Untermenschen" des Justizsystems wollte er sich nicht brechen und seine Lebensfreude und seinen Drang nach Freiheit nehmen lassen. Und das hat ihn auch zu diesem lebensbejahenden und positiv denkenden Menschen gemacht, als den er sich heute sieht. Er gebraucht den Begriff „Untermenschen" zwar nur ungern, da er genau weiß, dass dieser mit der Nazizeit in Verbindung gebracht wird, aber da er auch von Nietzsche verwendet wurde, findet er es legitim, ihn ebenfalls in diesem Kontext zu verwenden. Viele wirklich „Kranke" und „Irre" hat er auch über die Jahre hinweg in den Justizanstalten kennengelernt. Manche davon wollten gar nicht mehr raus aus dem Gefängnis, da sie Angst vor einem Leben außerhalb der „sicheren" Gefängniswände hatten. Dieses Gefühl kannte Adolf Schandl nie. Bei seinen ersten Freigängen, die ihm am Ende seiner Haft den Übergang in ein Leben in Freiheit etwas erleichtern sollten, hatte er absolut keine Probleme, sich in der Welt von heute zurechtzufinden. Zur Zeit seiner Inhaftierung gab es noch keine U-Bahn in Wien. Aber er wollte nur wissen, wo der Fahrscheinautomat zu finden sei, und schon stand seinem ersten Ausflug mit dem unbekannten Beförderungsmittel nichts mehr im Weg, wie er stolz verkündet.

Erst jetzt wird mir so richtig bewusst, wie lange mein Gesprächspartner nur durch ein paar Mauern von der Welt da draußen und den rasanten technischen Entwicklungen der letzten Jahrzehnte abgeschirmt und ausgeschlossen war. Aber Adolf Schandl blickt voller Zuversicht in die Zukunft und arbeitet zurzeit an seiner Biografie, die unter dem Titel *Jailbreak. Nur nicht im Gefängnis sterben* in Kürze erscheinen soll. Er gibt mir einen maschinengeschriebenen Zettel zur Ansicht, der die Einleitung zu seiner Lebensgeschichte enthält. Eine mögliche Verfilmung seiner abenteuerlichen Gefängniskarriere stehe ebenfalls zur Debatte, müsse aber erst konkretisiert werden.

Wir sprechen auch über Henri Charrière, den Autor des autobiografischen Romans *Papillon*, der ähnlich wie Schandl sein Leben im Gefängnis oder auf der Flucht aus der Gefängnis-Hölle von Französisch-Guyana verbrachte, und über die verschiedenen Autoren, die der Häftling Schandl während seines Gefängnisaufenthaltes las.

Als wir uns schließlich verabschieden, gesteht er mir, dass ihn seine morgige Gastroskopie ein bisschen nachdenklich stimmen würde. Aber Adolf Schandl ist hart im Nehmen. Er war es ein Leben lang, ob drinnen oder draußen. Er kennt keine Angst mehr und brechen hat er sich bis heute von niemandem lassen. Ich schaue ihm nach, als er mit seiner schwarzen Kunststofftasche unter dem Arm, in der er seine wichtigen Schriftstücke stets bei sich führt, mit federndem Schritt um die Ecke biegt. Ein Streifenwagen fährt an ihm vorbei, mit zwei jungen Beamten, die noch nicht einmal auf der Welt waren, als Adolf Schandl zum ersten Mal verurteilt wurde. Er hält seinen Blick geradeaus gerichtet. Die beiden Polizisten würdigen ihn keines weiteren Blickes.

In der vom ORF produzierten Doku *Cobra – Übernehmen Sie!* wurde Schandls Geiselnahme in der Grazer Haftanstalt Karlau nachgestellt und mit Original-Tondokumenten und Bildmaterial ergänzt.

Tipps im Karmeliterviertel

Restaurant Vincent
Große Pfarrgasse 7, 1020 Wien
Tel.: +43 1 214 15 16
Öffnungszeiten: Di–Sa ab 17.30 Uhr
www.restaurant-vincent.at
Der mit einem Michelin-Stern ausgezeichnete Gourmet-Tempel des rührigen Patrons Frank Gruber wird seit mehreren Dekaden abwechselnd von den besten Küchenchefs Österreichs bekocht. Die beste und beständigste Adresse der Leopoldstadt.

Pizza Mari
Leopoldsgasse 23a, 1020 Wien
Tel.: +43 676 687 49 94
Öffnungszeiten: Di–Fr 12–24 Uhr, Sa 12–24 Uhr,
Sonn- und Feiertage 12–23 Uhr
www.pizzamari.at
Gerade einmal 13 verschiedene Posten sind auf der Speisekarte der „Pizz' Mitz" zu finden. Aber mehr braucht es auch nicht. Hier serviert man original neapolitanische Pizza, wie sie sonst nirgends in Wien zu finden ist. Freundliches und flottes Service, moderate Preise und süditalienisches Flair sorgen für die passende Stimmung.

Gasthaus zum Sieg
Haidgasse 8, 1020 Wien
Tel.: +43 1 214 46 53
Öffnungszeiten: Do–Sa 10–24 Uhr, So 9–22 Uhr
Erdiges und authentisches Beisl, wo die angestammten Grätzelbewohner unter sich sind. Ausgesuchte alte Schallplattenhüllen verschiedener Rock-Dinosaurier an den Wänden verkürzen die Wartezeit auf das beste Gulasch im Karmeliterviertel. Der eigenwillige Name stammt übrigens aus der Zeit der Napoleonischen Kriege.

Seit dreißig Jahren steht Frau Traude bereits hinter der Theke in der koscheren Bäckerei Ohel.

Bäckerei Moshe Ohel
Lilienbrunngasse 18, 1020 Wien
Diese Institution der jüdischen Gemeinde befand sich ursprünglich in der Siegmundsgasse, bevor sie für einige Jahre in die Hollandstraße übersiedelte, um schließlich am heutigen Standort, im Herzen des jüdischen Viertels, die orthodoxe Gemeinde mit traditionellen koscheren Bäckereien und Brot zu versorgen. Geheimtipp!

Kosherland
Kleine Sperlgasse 6, 1020 Wien
Tel.: +43 1 219 68 86
Öffnungszeiten: Mo–Fr 8–18 Uhr
www.kosherland.at
In diesem kleinen Supermarkt erhält man eine breite Palette selbst importierter koscherer Lebensmittel, aber auch eine kleine Auswahl an koscheren Weinen. Besonders empfehlenswert sind die verschiedenen Aufstriche (Melanzani, Kichererbsen) und der klassische Krautsalat.

Rezept

Beim nachfolgenden Gericht handelt es sich um ein Rezept aus der traditionellen jüdischen Küche. Bereits Abraham servierte in biblischen Zeiten den Engeln eine Mahlzeit, die aus Zunge bestand.

RINDERZUNGE MIT SÜSS-SAURER SAUCE

Zutaten (für 4 Personen)
Rinderzunge
1 Rinderzunge
1 EL Essig
8 Nelken
8 schwarze Pfefferkörner
2 Lorbeerblätter
gehackte Petersilie

Sauce
1 EL Pflanzenöl
1 große Zwiebel, in Scheiben geschnitten
1 EL feines Mehl
1 Zimtstange
½ TL Nelkenpulver
120 ml Passata (pürierte Paradeiser)
1 EL Orangenblütenhonig
2 EL brauner Zucker
70 g blaue Rosinen
Saft und Schale von einer unbehandelten Zitrone

Zubereitung
Die Zunge mit den Gewürzen in einen schweren Topf geben, mit Wasser bedecken und 5 Minuten kochen lassen. Schaum abschöpfen und für etwa 4 Stunden bei kleiner Hitze ziehen lassen, bis die Zunge weich ist. Bei Bedarf mit Wasser aufgießen. Die Zunge sollte immer mit Flüssigkeit bedeckt sein.

Anschließend die Haut vorsichtig abziehen. Die Kochflüssigkeit aufbewahren.

Das Pflanzenöl erhitzen und die Zwiebel darin anbräunen. Mit Mehl bestauben und rühren bis das Mehl Farbe annimmt. Etwa 400 ml der Kochflüssigkeit angießen, aufkochen lassen und für einige Minuten gut verrühren, bis die Sauce eindickt. Mit Salz und Pfeffer abschmecken. Die übrigen Zutaten einrühren und bei mittlerer Hitze für zehn Minuten einkochen lassen. Die Zimtstange aus der Sauce entfernen.

Die Zunge in dünne Scheiben schneiden und in der Sauce für 3 Minuten erhitzen. Die heißen Zungenscheiben auf einem Teller anrichten und mit der Sauce begießen. Mit gehackter Petersilie garnieren.

„I hob a Badehütt'n drunt in Kaisermühl'n,
da kann am Sonntag ich mich wie ein Kaiser fühl'n"
– Schlager von Hermann Leopoldi aus den 1930er-Jahren

Das Gänsehäufel

*Von der Seele Wiens an der Alten Donau
und von einem Tauchpionier, der von
hier aus die Meere der Welt eroberte*

Florian Berndl und die „Nackerten" von der Alten Donau

Immer wenn mich Gäste aus dem Ausland erwartungsvoll fragen, wo sich Wien von seiner typischen Seite zeigt und man Wien noch ursprünglich erleben kann, schicke ich sie nach Kaisermühlen ins Strandbad Gänsehäufel an der Alten Donau. Dort zeigen sich Herr und Frau Wiener noch ganz unverfälscht und man bekommt einen kleinen Einblick in die Seele der aus den unterschiedlichsten sozialen Schichten kommenden Stadtbewohner, die sich dort, in einem der letzten Relikte des „Roten Wiens", beinahe splitternackt unter den Strahlen der wärmenden Sommersonne präsentieren.

Gegründet wurde Wiens schönstes und charaktervollstes Bad bereits 1900 vom schrulligen Naturheilkundler Florian Berndl (1856–1934), der auch ein großer Anhänger der Freikörperkultur war. Diese hatte Anfang des zwanzigsten Jahrhunderts bereits erstaunlich viele Anhänger, die dem Aufruf des Meisters, hüllenlos dem Badespaß an den Ufern der Alten Donau zu frönen, in Scharen folgten. Es formierte sich aber der Widerstand von Gegnern des Berndl'schen Freikörperkults, denen das gemeinsame lotterhafte Treiben der nackten Fräuleins und Männer auf dem Inselidyll inmitten der Alten Donau ein Dorn im Auge war. Bereits fünf Jahre später war es mit dem

Gänsehäufel, Kaisermühlen und Wiens höchste Gebäude

Nacktbadeparadies auch schon wieder vorbei, als die Gemeinde Florian Berndl aus einem fadenscheinigen Grund (Berndl hatte keine Ausschanklizenz für die Kantine im Bad) den Pachtvertrag wieder aufkündigte. Florian Berndl, dem von seinen Jüngern fast schon die Verehrung eines indischen Gurus entgegengebracht wurde, pachtete allerdings daraufhin auf dem gegenüberliegenden Ufer gleich ein anderes Grundstück, das er „Neu-Brasilien" taufte und wohin er mit seinen Jüngern umzog, die an seine Naturheilmethoden weiterhin glaubten. Aber auch dort war ihm kein langer Erfolg beschieden, da sein mittlerweile despotisches Auftreten (dem Guru schien die Anerkennung wohl etwas zu Kopf gestiegen zu sein) auch seine Anhänger spaltete, und so wurde er aus der von ihm gegründeten Siedlung „Neu-Brasilien" hinauskomplimentiert (den Kleingartenverein und ein Strandwirtshaus mit schwimmendem Schanigarten findet man dort heute noch vor). Berndl kehrte als Angestellter wieder in „sein" Gänsehäufel zurück, wo er fortan nur noch als Bademeister tätig war und schließlich auch die Aufsicht über die dort befindliche Kindererholungsstätte überhatte. Obwohl es ihm ausdrücklich untersagt worden war, fuhr er dort mit der Ausübung seiner Naturheilverfahren fort, bis man ihm auch im Gänsehäufel kündigte und ihn schließlich von dort sogar delogieren ließ. Am Bisamberg scheiterte Berndl mit einem weiteren ambitionierten Plan: Dort wollte er einen Kurort für die Arbeiter und für die ärmere Schicht der Wiener Bevölkerung errichten. Der weitere Misserfolg hielt ihn aber nicht davon ab, bis zu seinem Tode am Bisamberg zu wohnen, wo man das Frei- und das Hallenbad zur Erinnerung an ihn benannte. Beigesetzt wurde Florian Berndl auf dem Wiener Zentralfriedhof (Abteilung 43C-1-21).

Nach Berndls erster Vertreibung aus dem Gänsehäufel 1905 wurde im Jahre 1907 das „Strandbad der Commune Wien am Gänsehäufel" errichtet, wo sich die Wiener Bevölkerung auf der kleinen Insel, die sich vor der Donauregulierung inmitten des damaligen Hauptarmes befand, in den Sommermonaten in den Gewässern des Flusses abkühlte. Als man die Donau 1875 planmäßig in ihr reguliertes Bett gezwängt hatte, wurde aus dem ehemaligen Hauptarm ein stehendes Gewässer, die sogenannte Alte Donau, ein bis heute gern von den Wienern genutztes riesiges Erholungsgebiet, das sich von Floridsdorf, beim Wasserpark beginnend, quer durch die Donaustadt bis in die Lobau hinunter durch ganz „Transdanubien" zieht. An den Ufern der Alten Donau befinden sich neben vielen „Wild"-Badeplätzen auch etliche gebührenpflichtige Strandbäder. Doch mit der exklusiven Insellage und dem einhergehenden Badedorfcharakter, mit denen das Gänsehäufel punktet, können weder das Angelibad, das Arbeiterstrandbad noch das Eisenbahnerbad oder all die anderen Bäder mithalten.

Ich konnte kürzlich einen Plan einsehen, der eine Donauregulierung quer durch Kagran abbildete. Man muss sich einmal vorstellen, wie anders das heutige Stadtbild Wiens aussähe, wenn der Hauptstrom der Donau über den Kagraner Platz fließen würde. Ein Nährboden für unzählige „Was wäre, wenn ..."-Theorien, die sich aus dieser städtebaulichen Maßnahme ableiten lassen ...

Nach dem Zweiten Weltkrieg

Ab den letzten Tagen des Zweiten Weltkrieges war allerdings erst einmal Schluss mit dem Badebetrieb, denn da wurde das Gänsehäufel noch schnell mit einhundertdreißig Fliegerbomben dem Erdboden gleichgemacht. Bis auf die Brücke, die das Bad mit dem Festland verband, blieb nichts stehen. 1946 startete die Gemeinde Wien den Wiederaufbau des beliebten Bades. Den Zuschlag erhielten die beiden Architekten Max Fellerer und Eugen Wörle. Fellerer, der unter den Nationalsozialisten als Direktor der Kunstgewerbeschule abgesetzt worden war, war neben der Konkretisierung der Per-Albin-Hanson-Siedlung in Favoriten auch für die Pläne des Haas-Hauses in der Wiener Innenstadt verantwortlich. Seine Version des Haas-Hauses, die er gemeinsam mit Carl Appel entwarf, der als NSDAP-Mitglied auch unter den Nationalsozialisten aktiv war, stand auf dem Stephansplatz von 1953–1985, bis es vom heute bekannten und damals kontrovers diskutierten Haas-Haus des Stararchitekten Hans Hollein abgelöst wurde. Gemeinsam mit Eugen Wörle teilte sich Fellerer von 1934–1954 ein gemeinsames Atelier, wo sie erfolgreich an den Plänen für den Wiederaufbau des Parlaments sowie an den Plänen zum Neubau des Finanzministeriums und der Akademie für angewandte Kunst feilten.

1950 konnte das Gänsehäufel bereits wieder eröffnet werden und mit dem Jahrtausendwechsel wurde die bis heute vorliegende originale Baustruktur – für die meisten Besucher nicht einmal sichtbar, ganz sanft und ohne am Ursprung zu kratzen – von Grund auf saniert. Das Gänsehäufel unterliegt mittlerweile dem gestrengen Denkmalschutz und die architektonisch eigenwillige Struktur spiegelt ein sehenswertes, herbcharmantes Relikt der Nachkriegszeit wider, das die Zeiten gut überdauert hat. 30 000 Badegäste finden hier täglich auf 330 000 m² Platz. 10 000 Kästchen und 3 000 Kabinen warten auf ihre Benutzung. Die Kabanen und Pachtkabinen, vor allem jene am Schilfgürtel, sind nach wie vor heiß begehrt und werden meist an die nachfolgende Generation weitervererbt. Ein markanter Blickfang des Gänsehäufels ist auch der mit einer Wendeltreppe aus Stahlbeton umwundene Uhrturm, der zentral gelegen auf dem Gelände steht, gleich neben dem Wellenbecken, das übrigens das erste seiner Art in ganz Europa war. Jeweils zwei zweistöckige Bauten, in denen sich die zu mietenden Kästchen und Kabinen sowie die Sanitäranlagen befinden,

Der Uhrturm und das Wahrzeichen des Gänsehäufels

Herb-charmante Architektur aus der Nachkriegszeit

bilden gemeinsam einen kleinen Innenhof, ein überdachter Gang verbindet die Stahlbetonensembles zu einem losen Block. An den Rändern befinden sich Kioske und Gastronomiebetriebe, wo man im Schatten von Sonnenschirmen seinen Kaffee, sein Achterl oder deftige, fettgebackene Imbiss-Kost – die Speisekarte scheint noch aus den Aufbaujahren zu stammen – in geselliger Runde zu sich nehmen kann. Es gibt verschiedene Schwimmbecken, mehrere Badestrände, die an den Ufern der Alten Donau liegen, und auch unterschiedliche Badebereiche, wo sich das Publikum, nach Geschlecht und Art der Sonnenanbetung (mit oder ohne Hüllen) getrennt, problemlos verteilen kann. Ein gratis Shuttle-Dienst – ein überlanges, den bekannten Golfplatzgefährten ähnliches Elektromobil – bringt die Fußmaroden unter den Badegästen zum gewünschten Ziel. Einer der schönsten Vorteile des Gänsehäufels ist unbestritten, dass die Badegäste selbst an den heißesten Tagen und bei vollem Badebetrieb immer irgendwo ein Plätzchen an der Sonne oder im Schatten finden, an dem sie für sich und ungestört sein können. Die unverfälschte Seele Wiens liegt in ihrer ganzen Schönheit, aber auch in ihrer ganzen Hässlichkeit immer im Blickfeld.

Von der UNO-City bis ins „Häufl"

Wenn es heiß wird in der Stadt und man sich nur von einem Schatten zum nächsten vor den glühenden Strahlen der Sonne retten kann, die den Asphalt weichkochen, dann gibt es in Wien einige Möglichkeiten, sich mit einem erfrischenden Bad abzukühlen. Neben etlichen städtischen oder privat betriebenen Frei- und Hallenbädern, wo an den Hundstagen bereits in den Mittagsstunden die blaue Fahne gehisst wird, um anzuzeigen, dass wegen Überfüllung nichts mehr geht, bieten sich vor allem die Schwimm- und Liegemöglichkeiten am Entlastungsgerinne oder an der Alten Donau an. Dort gibt es etliche Badeplätze, wo man – ohne Eintritt berappen zu müssen – in den nassen Fluten Abkühlung finden kann. Sowohl die Donauinsel mit dem Entlastungsgerinne als auch die meisten Bäder an der Alten Donau sind mit den öffentlichen Verkehrsmitteln gut zu erreichen. Über einen eigenen Bäderbus, der im Zehnminutentakt die Badegäste von der U-Bahn (U1-Station Kaisermühlen) quer durch Kaisermühlen bis direkt zum Eingang des Bades befördert und wieder zum Verkehrsknotenpunkt Kaisermühlen bringt, verfügt aber nur das Gänsehäufel. Heute ist einer dieser Tage, an denen einem das Hirn sauer wird, wie man so schön auf Wienerisch sagt, und ich

Badeidylle an der Alten Donau

beschließe, mit Badezeug und einem guten Buch bewaffnet, so wie Tausende andere Wiener auch ins „Häufl" zu pilgern. In der U-Bahn-Garnitur, die mich zur UNO-City bzw. nach Kaisermühlen bringt, herrscht ein angenehmes Aroma nach exotisch riechendem Sonnenschutzöl, das für ein südländisches Flair sorgt. Die Wienerinnen und Wiener, die üblicherweise in den öffentlichen Verkehrsmitteln gekonnt ihre sauertöpfische Grantmiene stolz zur Schau tragen und deren Konversation großteils nur mehr über das allgegenwärtige Smartphone erfolgt, sitzen und stehen heute mit geröteten Köpfen, in Badeschlapfen und mit einem Lächeln im Gesicht herum. Jeder, so scheint es, freut sich nur noch auf das bevorstehende kühle Nass und als die U-Bahn außerplanmäßig zwischen der Vorgartenstraße und der Donauinsel für einige Minuten zum Stehen kommt, ist kein böses Wort zu vernehmen. Nein, es entwickeln sich sogar einige spontane Gespräche zwischen den Fahrgästen, wie man das eher von den südlich gelegenen Ländern her kennt, und ich vernehme das erste Mal ungewohnte Schwingungen von positiver Energie in einem öffentlichen Verkehrsmittel in Wien. Ein seltenes Ereignis, das eine Erwähnung verdient.

Gemeinsam mit dem Gros der Fahrgäste verlasse ich bei der UNO-City den grauen Silberpfeil. Dicht gedrängt wie nach einem Ländermatch im Wiener Praterstadion wälzt sich die gut gelaunte Menge vorbei an Zeitungsverkäufern, einem Melodica spielenden Bettler, der sein Instrument nur rudimentär beherrscht, und einem Obst- und Gemüsehändler, der gerade damit beschäftigt ist, die wilden Wespen von seinen Wassermelonen zu verjagen. Bei der Tabak-Trafik reicht die Menschenschlange bis vor die Tür. Die Haltestelle des Bäderbusses befindet sich auf der anderen Straßenseite, eingezwängt zwischen schwindelerregenden Hochhäusern und dem geschwungenen Gebäudekomplex der UNO-City. Von hier werden die Badegäste im Zehnminutentakt ohne Zwischenstopp bis zu den Kassenhäuschen des Gänsehäufels kutschiert. Die saftigen Wassermelonen, die reifen Pfirsiche und die knackigen Weintrauben duften verführerisch und ich kaufe mir noch schnell eine kleine „Wegzehrung", um das ausgefallene Frühstück zu kompensieren. Ich sprinte über den Zebrastreifen, um noch den Bus zu erwischen, der sich gerade zur Abfahrt bereit macht und seine Türen zischend schließt. Ein Taxifahrer, der meinetwegen vor dem Schutzweg anhalten muss, unterbricht sein Telefongespräch und ruft mir durch sein heruntergekurbeltes Fenster einen Kraftausdruck nach, der mich still schmunzeln lässt.

Durch Kaisermühlen

Ich erwische in der letzten Sekunde den Bus, der seine bereits geschlossenen Türen extra für mich noch einmal öffnet, und bedanke mich artig beim Fahrer, der mein Nicken ganz weltmännisch ignoriert. Ich zwänge mich vorbei an Badetaschen, einem blauen Aufblaskrokodil und an einem Kinderwagen, aus dem mich zwei blaue Mädchenaugen neugierig anstarren. Das Kinn des Mädchens ist mit Himbeereis verschmiert, die es mit seinen kleinen Fingern von der Tüte direkt in seinen Mund steckt und genüsslich daran leckt. Auf seinem Lätzchen steht in rosafarbenen Lettern „Papas Liebling". Seine Mutter ist voll konzentriert auf ihr Smartphone und hämmert im Einfingersystem gekonnt Nachrichten in die Tastatur, während ihre andere Hand den Griff des Kinderwagens umklammert, der mit Taschen und Plastiksackerln wie ein Christbaum behängt ist. Im Bus ist es dank Klimaanlage angenehm kühl und ich finde sogar noch, welch Wunder, einen Sitzplatz im hinteren Drittel des Busses, auf den ich mich mit meinem soeben erstandenen Reiseproviant niederlasse. Mein Sitznachbar ist in die Schlagzeilen der „Presse" vertieft und sein Kopf verschwindet zur Gänze hinter den großformatigen Seiten der Zeitung. Sein Rasierwasser riecht altmodisch streng und die grauen Tennissocken, die ursprünglich einmal weiß waren, sind stark durchgescheuert und stecken in Gummibadeschlapfen, die den Aufdruck eines lokalen Radiosenders tragen. Nachdem der Bus die Wagramer Straße direkt an der Reichsbrücke gequert hat, geht die kurze Fahrt quer durch Kaisermühlen. Dort, wo früher das gemütliche Altwiener Gasthaus „Zum Mondschein" mit seiner lauschig-romantischen Terrasse in Richtung Kaiserwasser stand, prangt heute das zweckmäßig gebaute, gesichtslose Seminarhotel einer Hotelkette und man kann nur noch erahnen, wie ursprünglich und gemütlich diese Ecke früher einmal bei „Tschopperlwasser" (Himbeersaft) und Bierstangerl war, bevor das Gasthaus den Schaufeln der Bagger weichen musste. Die in Butter gebackenen Marmeladepalatschinken („Tschinkerln") waren legendär, ebenso wie das mit strizzihaften Ausdrücken durchwobene Wienerisch der Kellnerbelegschaft. Heute bekommt man hier ein systemgastronomisches, kontinentales Frühstück vom Buffet, angerichtet für Geschäftsleute, die entweder in der UNO-City oder in einer der hier angesiedelten Firmen ein wichtiges Meeting haben, bevor sie sich wieder zum Flughafen begeben, um zu ihrem nächsten wichtigen Termin zu hetzen. Die Zeit für einen entschleunigenden Blick auf das hinter dem Haus liegende Kaiserwasser nehmen sich wahrscheinlich die wenigsten der hier absteigenden Hotelgäste.

Von der Reichsbrücke kommt in irrwitzigem Tempo gerade ein Rettungswagen mit Folgetonhorn heruntergebraust. Der Bus muss scharf bremsen, um dem Einsatzfahrzeug bei seiner Höllenfahrt nicht in die Quere zu kommen. Die Fahrgäste kommen sich durch die unerwartete Tempokorrektur zwangsweise etwas näher und alle starren der Rettung neugierig nach, wie sie mit Blaulicht die Schüttaustraße hinunterdüst und in Richtung Donauinsel abbiegt. Das Signalhorn ist noch für einige Zeit zu hören, bis es in den dahinter liegenden Gassen verhallt. Wir passieren das „Werkl im Goethehof", das sich im ehemaligen Parteilokal der kommunistischen Fraktion Kaisermühlens befindet. Heute ist auf den wenigen Quadratmetern eine der kleinsten Non-Profit-Kleinkunstbühnen untergebracht, die regelmäßig bespielt wird. Es folgt das Haupttor des geschichtsträchtigen Goethehofs, eines 1930 errichteten Gemeindebau-Komplexes mit angefügten Geschäftslokalen, die heute großteils leer stehen. Der Goethehof war bei den Februaraufständen 1934 ein heiß umkämpfter Schauplatz, der von der christlich-sozialen Heimwehr genauso beschossen wurde wie u.a. der Karl-Marx-Hof, der Rabenhof oder der Schlingerhof, als die Lager der sozialdemokratischen Arbeiterpartei und der den Ständestaat anstrebenden der christlich-sozialen Fraktion unter Bundeskanzler Engelbert Dollfuß in einem vier Tage andauernden Bürgerkrieg aneinandergerieten. Die Feuergefechte forderten in diesen unvergessenen Tagen einen hohen Blutzoll in der österreichischen Bevölkerung. Nach offiziellen Angaben waren es 314 Tote und 805 Verletzte, die Opfer der Schusswechsel wurden. Viele der traditionsgemäß aus „roten", sozialdemokratischen Häusern und Arbeiterfamilien stammenden Bewohner Kaisermühlens haben den damaligen Beschuss der Gemeindebauten durch die „schwarze", christlich-soziale Regierung bis heute nicht verziehen und gerade bei älteren Bewohnern tritt der Abscheu gegen die „Schwarzen" noch immer offen zutage, obwohl die Ereignisse mittlerweile mehr als achtzig Jahre zurückliegen.

Heute scheint das sozialdemokratische Vorzeigeprojekt Goethehof seine besten Tage hinter sich zu haben. Die leeren Geschäftslokale geben diesem Relikt des roten Wiener Wohnungsbaus einen melancholisch-traurigen Anstrich.

Einige Blocks weiter biegt der Bus in die Moissigasse ein, wo sich am Schüttauplatz, dem eigentlichen Zentrum von Kaisermühlen, die am 28. April 1895 eingeweihte Pfarrkirche befindet. Vor dem Bau der Kirche mussten die frommen Bewohner Kaisermühlens den mühevollen Weg bis zur

Johann-Nepomuk-Kirche beim Nestroyplatz im zweiten Bezirk antreten, um in den Genuss einer Messe zu kommen. Kaisermühlen zählte zur dortigen Pfarre, bis hier das eigene Gebetshaus errichtet wurde. Kaiser Franz Josef I. war persönlich am „Tag der Kirchweih" in Kaisermühlen und sprach der Gemeinde Wien seinen Dank für die Mitwirkung am Bau der Kirche aus. Die ursprünglichen Pläne für das Gotteshaus stammen vom Architekten Alois von Erlach, dem eine prachtvolle Renaissancebasilika im italienischen Stil vorschwebte. Die Kosten überschritten allerdings bei Weitem die zur Verfügung stehenden Mittel der Kaisermühlner, sodass die Pläne für die „Herz-Jesu-Basilika" stark vereinfacht wurden. Auch der im passenden Stil geplante Campanile wurde nie gebaut und erst 1957 wurde ein Turm an die Kirche angefügt, der aber in seinem Baustil stark vom Kirchenschiff abweicht und eher zweckmäßig als das Auge erfreuend wirkt.

Heute treffen sich die Grätzelbewohner gerne im nach dem Obmann der Kaisermühlner Kinderfreunde und Betriebsratsobmann der Wiener Wasserwerke Ladislaus Cholewka (1910–1970) benannten Cholewka-Park, der den Kirchenplatz umgibt und diesem Bezirk noch einen dörflichen Anstrich verleiht, der vielen anderen Vororten Wiens im Laufe der letzten Jahre leider verloren gegangen ist.

Die Insel der Seligen

Der Bus passiert auf seiner letzten Etappe den etwa fünf Meter hohen Gittertorflügel, der den Eingang zum Gänsehäufel außerhalb der Öffnungszeiten verschließt. Das Gittertor ist links und rechts von je einem kleinen Häuschen begrenzt und verleiht dem Entree etwas Festungsartiges. Könnte man die Brücke hochziehen, wäre die Illusion perfekt. Der Bus quert die stark schwingende Betonbrücke, welche die Insel, auf der sich das Bad befindet, mit dem „Festland" verbindet und die meisten der Insassen haben bereits ihre Sitzplätze verlassen und drängen sich in Reih und Glied vor den Bustüren. Eine surreale Komposition von geblümten Badetaschen, akkubetriebenen Kühlboxen und bereits aufgeblasenen, bunten Schwimmhilfen in den abenteuerlichsten Formen für die Kleinen, deren Augen schon voll Vorfreude auf das bevorstehende „Pritscheln" am Wasser leuchten.

Die letzte Kehre vor der Endstation und das sanfte Bremsmanöver sorgen noch einmal für ein letztes zwangsweises körperliches Näherkommen der Fahrgäste, bevor sich ein Teil der Menge an die Menschenschlangen reiht, die sich bereits vor den Kassenhäuschen gebildet haben, während die Besitzer einer Saisonkarte gleich bei den Eingängen durchgewunken werden und sich diese letzte Hürde vor dem Sprung ins Nass ersparen. An den Radständern bei den Eingängen lehnen Hunderte von Fahrrädern wie vor einer chinesischen Fabrik. Dahinter an den steinernen Zäunen ist eine Tafel eingelassen. Darauf sind alle Beteiligten verewigt, die zwischen 1948–1950 am Wiederaufbau des zerstörten Bades, der unter dem Bürgermeister Theodor Körner erfolgte, beteiligt waren. Gleich daneben befindet sich ein praktischer Übersichtsplan mit dem Motto „Das Gänsehäufel macht mich heiß", der die Orientierung auf der Badeinsel für Erstbesucher etwas einfacher machen soll. Über mir in den Wipfeln der Bäume wirbt eine lebensgroße, behelmte Figur, die an einer aus Seilen geknüpften Brücke von einem Baum zum nächsten zu klettern scheint, für den seit einigen Jahren auf der Badeinsel installierten Hochseilklettergarten. Dort können Wagemutige in den Wipfeln der Pappeln in schwindelerregenden Höhen verschiedene Parcours beschreiten und ihre Kletterkünste testen.

Vier der sechs Kassenhäuschen sind geöffnet und bei dreien geht es wirklich zügig voran. Dort, wo ich mich eingereiht habe, geht es – wie sollte es auch anders sein – äußerst gemächlich dahin, was aber nicht an dem freundlich und flink arbeitenden Kassenfräulein liegt, sondern an den Spezialwünschen und endlosen Fragen, die sich hier anscheinend beim Kauf einer Eintrittskarte ergeben. Aber ich habe ja den ganzen Tag Zeit und Hektik oder Eile sind bei diesen Temperaturen sowieso nur kontraproduktiv. Ich betrachte in der Zwischenzeit meine Umgebung, sauge den mit Worten nur schwer zu beschreibenden Duft nach Alter Donau und Freibad ein, erfahre von der elektronischen Anzeige über dem Eingang, dass die Temperatur des „Schwimmerbeckens" bereits 24 Grad beträgt, und stimme mich gut gelaunt auf den bevorstehenden Badetag ein. Die Marchfelder Erdbeeren und Kirschen am benachbarten Obststand sehen wie gemalt aus, duften verführerisch zu mir herüber und ich nasche noch ein paar süße Trauben

Nur nicht zündeln!

von den Resten meiner „Wegzehrung", bevor ich an die Reihe komme, um ein „Erwachsenen-Tagesticket" zu erstehen. Eine Ermäßigung würde mir erst ab dem 60. Lebensjahr zustehen, wie mich das von der Betriebsleitung bei der Kassa angebrachte Schild belehrt, aber bis dahin dauert es noch ein paar Jährchen.

Ich hab's geschafft! Ich zeige meine Karte am Eingang vor, verzichte auf den im Preis inkludierten Schlüssel für ein Kästchen, da ich nichts mitführe, das sich zu verstauen lohnen würde, und mache mich auf den Weg in Richtung Oststrand, wo ich mir ein ruhiges Platzerl im Schatten der riesigen Pappeln suchen werde. Mein Weg führt mich über den mit Steinplatten ausgelegten Weg zwischen den Kabinenblöcken zu meiner Linken und den Kästchenblöcken zu meiner Rechten. Es herrscht reger Betrieb und über dem Bad schwirrt der Hubschrauber des Verkehrsdienstes, der mit lautem Rotorschlag für einen kurzen Augenblick über der Alten Donau verweilt, bis er in elegantem Bogen zur Südosttangente weiterfliegt und das Flattern der Rotoren nicht mehr zu vernehmen ist. Hier, am „Hauptplatz" der Badeanstalt befinden sich auch die Restaurationsbetriebe, wo es auf der einen Seite nach Kaffee und frischem Backwerk, auf der anderen Seite nach Frittierfett und

Langos duftet. Die unterschiedlichen Gerüche vermischen sich in der Mitte des Weges und Erinnerungen an Kindheitstage werden wach, an denen wir ausgehungert von der Sonne, der frischen Luft und vom stundenlangen Herumtollen im Wasser des Wellenbeckens mit nach Chlor riechenden Fingern in Ketchup getunkte Pommes aus der Tüte verschlungen und dazu aus Plastikbechern Himbeerkracherl getrunken haben, dessen knalligrote Farbe uns einen „Kracherlbart" entlang den Mundwinkeln ins kindliche Gesicht malte. Unsere Mütter und Väter tranken Bier aus der Flasche oder Zitronenkracherl aus Flaschen mit Bügelverschlüssen.

An den Eingängen zu den Kabinenblöcken weisen Schilder die Badegäste darauf hin, dass das Hantieren mit offenem Licht und Feuer (Kerzen, Propangas-, Benzin- und Spirituskocher etc.) aus feuerpolizeilichen Gründen verboten ist. Im Schatten unter den Laufgängen sitzen die tiefgebräunten Stammgäste des Gänsehäufels, die sich gerade an den Schlagzeilen der Tagespresse gütlich tun, in einem kleinen Tratsch verhaftet sind oder sich ganz einfach mit geschlossenen Augen

Rundherum nur glückliche Gesichter

der Bäderidylle hingeben. Der Geräuschpegel ist beständig, aber nicht vordergründig. Einige illustre Familien- und Seniorenrunden haben sich hier inmitten der Kabinenblöcke gebildet und es herrscht ein fröhliches Miteinander. Viele der Besucher kennen einander schon seit Jahren und über mehrere Generationen hinweg. Nudelsalate mit Extrawurstwürfeln, dick belegte Wurstbrote mit Polnischer und Paprikastreifen sowie kalte Schnitzerl mit Gurken-Rahm-Salat, der stark nach Knoblauch duftet, werden aus den mitgebrachten Kühltaschen hervorgezaubert. Eine Kartenrunde schnapst sich gerade ein Bummerl aus und knallt unter anfeuernden Rufen der umstehenden Kiebitze die Spielkarten auf einen betagten Resopalklapptisch. Das unverwüstliche Programm von Radio Burgenland dudelt aus einem kleinen Transistorradio, das zum Schutz vor der Sonne in ein mit psychedelischen Blumenmustern übersätes, gelb-grünes Handtuch eingewickelt im Schatten eines Liegebetts steht und blechern den *Rhinestone Cowboy* von Glen Campbell von sich gibt.

Ich passiere das „Wahrzeichen" des Gänsehäufels, den markanten Uhrturm mit der Betonwendeltreppe, dessen vier schwarze Zifferblätter mit den weißen Zeigern die Zeit nach allen Himmelsrichtungen anzeigen. Aus den darunter befindlichen megaphonartigen Lautsprechern wird gerade das Kennzeichen eines widerrechtlich geparkten Personenkraftwagens ausgerufen, der die Zufahrt für die Einsatzfahrzeuge versperrt und dem die Abschleppung droht, falls sein Besitzer das Vehikel nicht umgehend entfernt. Ich quere die Wiese, halte mich beim Oststrand links und finde in der Nähe des Volleyball-Platzes ein schönes Platzerl im Schatten der unendlich hohen Pappeln, wo ich ungestört bin, aber die Aussicht auf den Oststrand in meinem Blickfeld habe, auf dem reges Treiben herrscht.

Gelegentlich unterbricht das fröhliche Lachen der Kinder oder das schrille Quietschen einer jungen Dame, die von ihren

Der Uhrturm – das Wahrzeichen des Gänsehäufels

ebenso jungen Verehrern in einer Art jugendlichem Balzritual kurz untergetaucht wird, die beständige Geräuschkulisse, die in jedem Freibad für den charakteristischen Soundtrack sorgt. Der Wind streift ab und zu geräuschvoll durch den Baumbestand und lässt die sommerliche Hitze erträglich erscheinen. Das Rauschen der Blätter im Wind hat in seiner Gleichmäßigkeit etwas Beruhigendes.

Der Tauchpionier Hans Hass

Gut eingecremt, die Augen hinter meinen Sonnenbrillen gegen das grelle Licht geschützt, liege ich auf der Wiese und versinke für eine Weile in mein Buch über den Tauchpionier Hans Hass, der unweit von hier seine ersten Tauchversuche an der Alten Donau unternommen hat. Eine im Wasser stehende Glastafel mit dem prägnanten Konterfei dieses weltberühmten Unterwasserforschers erinnert an den Mann mit der sympathischen Stimme, der gemeinsam mit seiner bildhübschen Frau Lotte einst ein Millionenpublikum in die Kinosäle und später auch vor die Fernsehschirme lockte und in den Bann ihrer Unterwasserabenteuer ziehen konnte.

Die angenehme Erzählstimme, die seinen bahnbrechenden Unterwasser-Dokumentarfilmen einen charaktervollen Stempel aufdrückte, hatte sich unauslöschbar in tausenden Köpfen abenteuerhungriger Kinder, aber auch Erwachsener festgefressen. Dutzende erfolgreiche Kinofilme wie *Abenteuer im Roten Meer* (1951) oder *Menschen unter Haien* (1947) zählen heutzutage genauso zum kulturellen Allgemeingut wie seine Fernsehserien *Expedition ins Unbekannte* (1958–1962) oder die für die BBC produzierte Serie *Diving into Adventure* (1955). Vor einigen Jahren wurden einige längst vergriffene Filme und Serien

Hier erfolgten die ersten Tauchversuche von Hans Hass.

im DVD-Format neu aufgelegt. Ein Fernsehabend mit Hans und Lotte Hass, die gemeinsam mit ihrem Team aus Meereswissenschaftlern in ihrer, aus heutiger Sicht betrachtet, fast schon naiv wirkenden Unschuld die Weltmeere erobern, bietet eine angenehme Alternative zum Angebot heutiger Fernsehsender, in deren gleichgeschalteten Programmen man solche einzigartigen Zeitdokumente leider vergeblich sucht.

Ein Ausflug ans andere Ufer

Ich beschließe, ein Bad zu nehmen, wate über den kiesigen Sandstrand in das angenehm kühle Wasser der Alten Donau, die heute blaugrün im Sonnenlicht erstrahlt, und tauche kopfüber in die schon fast aufdringlich einladenden Fluten. Um mich herum plantschen junge Muttis mit ihren Sprösslingen im seichten Wasser. Wasserbälle werden einander zugeworfen und ein Vater schnorchelt mit seiner kleinen Tochter im glasklaren Wasser des sandigen Badestrandes, in dem kleine, ständig die Richtung wechselnde Fischschwärme zu sehen sind. Ich habe vor, zum anderen Ufer des Donauarmes hinüberzuschwimmen, und tauche unter den zwischen fest verankerten Bojen gespannten Drahtseilen hindurch, die das Ende des offiziellen Teils des Gänsehäufels markieren. „Überschwimmen polizeilich verboten" prangte vor einiger Zeit hier noch martialisch mit großen Lettern an den Bojen. Das „polizeilich" wurde mittlerweile entfernt, aber das Überschwimmen ist eigentlich noch immer verboten. Ich habe mir in jungen Jahren immer vorgestellt, was denn bei Missachtung dieses polizeilich verordneten Verbots passieren würde. Ein Großeinsatz mit Polizeiboot und Helikopter mit anschließendem Abgang des vermaledeiten „Überschwimmers" in Handschellen vielleicht?

Eis-am-Stiel-Verbot bis zum Ende der Badesaison? Hallenbadzwang im Sommer, um auch etwas daraus zu lernen? Na ja, ein schlechtes Gewissen hatte man als Kind auf alle Fälle, weil man wissentlich etwas Verbotenes machte.

Nachdem ich den Großteil der sich im Wasser tummelnden Badegäste hinter mir gelassen habe, treibe ich mitten auf der Alten Donau auf dem Rücken und starre in den wolkenlosen, azurblauen Himmel. Der von der Arbeitswoche angestaute Knopf in Kopf und Körper löst sich schön langsam in Nichtigkeiten auf und ich fühle mich wie auf Wolke sieben. Wow! Was für ein erhebendes Gefühl! Minutenlang treibe ich so mit von mir gestreckten Armen und Beinen auf dem Wasser, die vorbeigleitenden E-Boot-Fahrer und Segler machen glücklicherweise einen Bogen um mich und als mich die Strahlen der Sonne zu sehr in der Nase zu kitzeln beginnen, schwimme ich weiter zur Böschung des gegenüber liegenden Ufers, wo sich die Rehlackenwiese befindet, die von den Donaustädtern bei schönem Wetter zum Sonnen und Relaxen genutzt wird. Ein Holzsteg mit Treppen an jeder Seite, die das Betreten des Gewässers ungemein erleichtern, ist dicht belegt mit Teenagern und einigen älteren Paaren, die hier auf Handtüchern und Klappbetten ihre fixen, scheinbar unverrückbaren Positionen bezogen haben.

Die unterschiedlichen Fronten der umliegenden Häuser der verschiedenen Kleingartenvereinssiedlungen reichen vom klassischen „New England-Style" bis zu ausgeflippt futuristischen architektonischen Wundern, die das Auge des Betrachters erstaunen. Die bunte Mischung der verschiedenen Baustile der Strandhäuser gibt dem Ganzen einen friedvollen „Sommerfrische"-Touch, den man nirgendwo sonst in Wien finden kann. Entlang des gesamten Ufers befinden sich seit einigen Jahren vor Kurzem erst komplett sanierte, weitläufige Holzstege, wo man zum Teil auf fixierten Holzliegen das Bad in der Sonne genießen kann.

Hedi und Edeltraud

Ich verweile etwas auf den Stiegen des Stegs und wärme mich, die Füße im Wasser, an den Sonnenstrahlen. Das Gänsehäufel befindet sich nun auf dem gegenüberliegenden Ufer und sieht von hier wie ein wimmelnder Ameisenhaufen aus. Komisch! Drüben kam es mir gar nicht so voll vor. Von mir aus links gesehen befindet sich das Südufer der Insel, wo die mit viel nackter Haut belegte Liegewiese von einer Mauer durchschnitten wird, hinter welcher der vor neugierigen Blicken gut geschützte Nacktbadestrand für die zahlreichen Anhänger des nach wie vor geschätzten Freikörperkults beginnt. Zur Rechten, im Anschluss an den Oststrand, ist die Insel bis zu ihrem Nordende vom Ufer her nicht begehbar, weil sie von einem dichten Schilfgürtel umwuchert ist. Ich mache mich wieder mit gleichmäßigen Schwimmstößen auf den Rückweg und manövriere mich unbeschadet durch die Bootsinvasion, die sich zwischen den beiden Ufern zu einem beständigen Verkehrsstrom ausgewachsen hat. Natürlich gibt es immer ein paar Rabauken unter den Mietbootkapitänen, aber der Großteil fährt glücklicherweise vorsichtig und rücksichtsvoll und ich nähere mich unbeschadet wieder dem Strand des Gänsehäufels, wo die Dichte der Schwimmer um einiges höher ist als in der Mitte der Alten Donau. Es ist schon eine ganz eigene Atmosphäre, die auf diesem Badeeiland herrscht. Egal, ob alt oder jung, dick oder dünn, hell oder dunkelhäutig, hier kommen alle her, um einen guten Tag zu verbringen und den Alltag zu vergessen. Und die ausgelassene Ferien-Stimmung ist ansteckend. Zwei ältere, aber umso agilere Damen, eine davon trägt sogar eine dieser fast schon antik anmutenden, mit Plastikblumen verzierten Gummibadehauben, die bis in die Siebzigerjahre zu jedem Badebesuch gehörten, balancieren ihre Allerwertesten auf einem der Drahtseile, welche die Bojen der Strandbegrenzung miteinander verbinden, und beide quietschen vor Vergnügen wie kleine Kinder, als sie das Gleichgewicht verlieren und kopfunter in die Fluten tauchen. Die beiden schauen einander sehr ähnlich und es kann sich nur um Geschwister, wenn nicht sogar um Zwillinge handeln. Ich halte mich ebenfalls an dem halb unter Wasser befindlichen Drahtseil fest und bekomme versehentlich ein paar übermütige Spritzer ab, als sich die beiden Damen gerade im nahen Nichtschwimmerbereich gegenseitig etwas Wasser ins Gesicht spritzen. Ihre Gesichter sind tiefgebräunt, ihr Haar schlohweiß und ihre Augenwinkel von Lachfalten durchzogen. Beide stecken in identen moosgrünen Badeanzügen. Während die eine ihr Haar unter der altmodischen Badekappe verbirgt, trägt die andere ihre weiße Haarpracht zu einem Knoten hochgesteckt. In kindlicher Naivität tollen sie im Wasser herum und erfreuen sich am Leben. Sie betrachten neugierig mein tätowiertes Bein, das mit Mustern aus der Südsee überzogen ist, und wir kommen ins Gespräch.

Hedi und Edeltraud, so heißen die beiden, sind Zwillingsschwestern und feiern im Dezember ihren 90. Geburtstag. Seit sie sich erinnern können, kommen sie schon an die Alte Donau zum Baden. Früher waren sie auch oft am Mühlwasser, wo die Lobau beginnt. Nach dem Krieg pilgerte die ganze Familie regelmäßig in das neu erbaute Gänsehäufel und diese Familientradition halten die beiden nach wie vor aufrecht. Heute teilen sie sich zwar eine kleine Gemeindewohnung im zwölften Wiener Gemeindbezirk Meidling am anderen Ende der Stadt, aufgewachsen sind sie allerdings in der Donaustadt, in der Nähe des Kagraner Platzes. Früher waren sie mit den Eltern und ihren fünf anderen Geschwistern im Sommer jeden Tag im Gänsehäufel. „Bei die Nackerten", wie mir Edeltraud hinter vorgehaltener Hand kichernd verrät. Heute liegen sie lieber beim Wellenbecken, wo sie das Treiben der Jugend beobachten können, wenn sie nicht im Schatten des Kabinenblocks F Siesta halten, wo sie seit Jahren ihr „Klumpert", wie Edeltraud es bezeichnet, in einer der heiß begehrten Mietkabinen unterbringen. Sie sind die letzten ihrer Familie und schon bei den ersten Sonnenstrahlen machen sich die beiden Saisonkartenbesitzerinnen auf den Weg zur Alten Donau, wo sie ihre Tage am liebsten verbringen.

Ob sich im Gänsehäufel im Laufe der Jahrzehnte viel geändert hat, will ich wissen und beide schütteln ohne Nachzudenken die Köpfe. „Die Leit kumman noch wie vua her, um a Gaude zu hom, und des is doch des Wichtigste, oda? Nockert san de meistn olle gleich schiach und deswegen kimmert si do kana um den aundern und a jeder hot sei Freid!", verrät mir Hedi im breitesten Wiener Dialekt. Gemeinsam mit den beiden verlasse ich das Wasser und gemeinsam schrubben wir uns den Geruch des Alte-Donau-Wassers unter dem eiskalten Strahl der Stranddusche ab. Hedi lässt es sich natürlich nicht nehmen, ihre Gummibadekappe mit dem kalten Wasser aufzufüllen und Edeltraud damit zu übergießen.

Jausnen im Schatten der Badekabinen

Die beiden quietschfidelen Damen laden mich zu einer Jause ein und ich ergreife die Chance, meine beiden Bekanntschaften etwas näher kennenzulernen. Wir machen uns im Gänsemarsch auf den Weg über die dicht belegten Liegewiesen zum Kabinenblock F, wo die beiden einen alten, abgewetzten Plastikkunststofftisch mit einem geblümten Plastiktischtuch decken, und kurz darauf tun wir uns an den „Bratlfettnbroten" gütlich, die Hedi gestrichen hat, während Edeltraud eine Salatgurke geschält und in fingerdicke Scheiben geschnitten hat. Dazu gibt es hart gekochte Eier, kleine halbierte Paradeiser mit Salz bestreut, ein Stück Butterkäse und Zitronenkracherl aus der Bügelflasche. Wir haben alle drei großen Appetit und nach kurzer Zeit haben wir alles bis auf das letzte Bröserl verputzt. Ich hole noch ein paar Mürbteigkipferl vom Kiosk, der sich nur ein paar Schritte entfernt um die Ecke befindet, damit wir noch etwas Süßes zum Kaffee haben. Der kommt stilecht aus einer orangefarbenen Thermoskanne und schmeckt recht passabel. Die beiden haben sogar geblümte Porzellanhäferl und eine Flasche Maresi aus ihrer versperrbaren Schatzkammer hervorgezaubert, die sich gleich im Gang hinter uns befindet. Wir sitzen auf dem Grünstreifen mit dem Rücken zur

Vom „Tschick" bis zur Sonnencreme ist hier alles erhältlich.

Wand des Kabinentraktes F. Unser Ausblick beschränkt sich auf die ein paar Meter entfernte, gegenüberliegende Mauer des Kabinentraktes E und gemeinsam mit ein paar anderen Familien bilden wir einen Mikrokosmos der unterschiedlichsten Charaktere, die eben genau diese ganz eigene Mischung von Leuten ausmachen, die hier im „Häufl" zu finden ist. Neben uns tarockiert eine gemischte Runde und zwischen den launigen Ansagen wird das eine oder andere Achterl aus Plastikbechern genossen. Der Doppler, der im Schatten unter dem Tisch steht, ist zu zwei Drittel geleert und die Wangen der Kartenspieler sind gerötet. Sie haben anscheinend eine Mordsgaudi, wie ihren manchmal zotigen Kommentaren und dem daraus resultierenden Gelächter zu entnehmen ist. Sie sind ganz in ihr Kartenspiel versunken und unterbrechen nur, als eine der spielenden Damen der Hunger überkommt, wie sie lautstark vermeldet, und sie mit einem Handtuch um ihre breiten Hüften geschlungen kurz verschwindet, um ein paar Minuten später mit ein paar fetttriefenden, dick mit Knoblauch bestrichenen Langos vom Selbstbedienungsrestaurant wieder zurückzukommen. Ein beleibter Spieler in karierten Badeshorts hat in von der Sonne bereits ausgebleichten, blauen Lettern „Herta" auf dem rechten Oberarm tätowiert. Seine Haut ist stark gebräunt, sein Gesicht ist puterrot und er legt immer wieder seinen sehnigen Arm, der in starkem Kontrast zum schlaffen Bauch steht, um seine rechte Sitznachbarin. Manchmal küsst er sie auch. Sie trägt ebenfalls eine Tätowierung auf ihrem rechten Oberarm. „Erwin" prangt in einem roten Herz, das sie sich zum Liebesbeweis in die Haut stechen ließ.

Daneben döst ein Pensionistenpärchen friedlich auf seinen Klappbetten. Er hat die „Kronen Zeitung" auf seinem Gesicht drapiert, während auf ihrem mütterlichen Bauch ein aufgeklappter Roman von Danielle Steel mit dem Titel *Steh zu dir* ruht. Das fein säuberlich in durchsichtige Plastikfolie verpackte Buch hebt und senkt sich mit jedem Atemzug der schlafenden Dame. Sie zuckt im Schlaf kurz zusammen und greift im Halbdämmer nach dem Buch auf ihrem Bauch, nur um ein paar Sekunden später wieder in ihr Schläfchen abzutauchen. Ein Stück weiter sitzen zwei Mädchen in winzigen String-Bikins auf ausgebreiteten Handtüchern und stricken, während sie sich lachend unterhalten. Beide haben einen breitkrempigen Lederhut mit dem Aufdruck „Teneriffe" tief ins Gesicht gezogen. Eine der beiden trägt einen Nasenring, an dem sie nervös zupft, wenn sie ihre Stricknadeln kurz ruhen lässt. Ein an beiden Armen stark tätowierter Mann um die dreißig mit wild wucherndem Körperhaar auf Schultern und Rücken sitzt im Schneidersitz auf seinem Liegebett. Er hört Musik von seinem iPod und bewegt seinen kahl rasierten Kopf im Takt der für uns unhörbaren Klänge, die aus seinem Kopfhörer kommen. Auf dem Schoß hat er eine gebundene Ausgabe von Umberto Ecos *Foucaultschem Pendel* und sein von vielen Stunden Fitnessstudio gestählter Körper, gepaart mit seinem klassischen Profil, wirkt wie das Modell eines Athleten aus der griechischen Antike, wenn er seine Muskeln in unregelmäßigen Abständen spielen lässt. Als vom Wellenbecken her das unverkennbare Tröten der Sirene erschallt, nimmt er den Kopfhörer mit einer schnellen Bewegung ab, klappt sein Buch zu und macht sich auf in Richtung Wellenbecken, wo zur Freude der Badegäste gerade die Wellenmaschine angeworfen wird und sich Groß und Klein in die künstlich erzeugten Wogen wirft. Dazwischen erklingen die schrillen Pfiffe der Bademeister, die penibel darauf achten, dass niemand bei diesem Gaudium ertrinkt.

Ich wende mich wieder meinen beiden Tischdamen zu, die bereits den Tisch abgedeckt und alles wieder sorgsam in ihrer Kabine verstaut haben. Mein Angebot, ihnen zu helfen, wurde freundlich, aber bestimmt abgelehnt. Wir machen uns auf den Weg zum Wellenbad, wo die beiden normalerweise ihren Stammliegeplatz haben, wenn sie nicht bei ihrer Kabine verweilen. Als wir zu dem überfüllten Becken gelangen, ertönt die Sirene gerade wieder, um das Ende der Wellenphase anzuzeigen. Das Becken leert sich etwas, ist aber immer noch sehr voll. Hedi und Edeltraud stammen aus einer typischen Arbeiterfamilie. Der Vater war Huf- und Wagenschmied und stammte ursprünglich aus Prag. Die Mutter, eine Bauerntochter aus dem Waldviertel, war Näherin „bei den Juden", wie mir Hedi erklärt. Sie zeichnet dabei mit ihren schlanken Armen an beiden Wangen Locken nach und spielt dabei auf die Beikeles an, die von den orthodoxen Juden getragen werden. Der leibliche Vater kam von der Russlandfront nicht zurück und mit ihrem Stiefvater, der ihre Mutter nur ausnutzte und sich langsam, aber beständig mit deren schwer verdientem Geld zu Tode soff, kamen die beiden nicht gut zurecht. Die beiden jungen Damen verdienten eine Zeit lang gutes Geld mit einer schlüpfrigen Varieté-Nummer in einem damals sehr bekannten Kabarett, auf die sie aber nicht näher eingehen wollen. „Schauns, wia woan jung und mia haum des Göd braucht. Wos hätt ma mochn soin?" Mit ihrer Gage konnten sie sogar die Mutter miternähren, nachdem diese nach dem Tod des Stiefvaters zu ihnen gezogen war, bis sie sie schweren Herzens wegen ihrer

„Häufl"-Impression

angegriffenen Gesundheit in ein Heim geben mussten. Hedi und Edeltraud waren ihr Leben lang unzertrennlich. Beide saßen viele Jahre Rücken an Rücken in der Finanzbuchhaltungsabteilung eines Wiener Textilunternehmens und waren für die Auszahlung der Löhne verantwortlich. Ihr berufliches Knowhow erlernten sie nach dem Krieg in einer Volkshochschule und „weil wir immer am selben Strang gezogen haben, haben wir es weit gebracht", betont Hedi mit erhobenem Zeigefinger. Selbst die Männer teilten sie sich manchmal, der Einfachheit halber, wie Edeltraud mit einem Lächeln erzählt. Der Richtige war zwar nie dabei, weshalb sie auch beschlossen haben, beieinander zu bleiben, aber sie haben die Hoffnung noch nicht aufgegeben, und wer weiß, vielleicht kommt ja noch ein Märchenprinz vorbei. Man kann ja nie wissen, was die Zukunft bringt. Beide verfügen über eine gute Pension, wie sie mir verraten, und beide wären immer schon genügsam gewesen. „Da Glitzer und da Glamour bringt da nua unnötige Sorgen. Und waunst de amoi host, daun schaust wia da Harri Püh in da Mistkistn!* De Sorgen überloss ma liaba denen aunderen. Hauptsoch, mia san gsund. Wos brauch ma mea?" Zum Leben würden sie nicht viel brauchen und im Sommer wären sie sowieso immer hier.

Ich nehme mir fest vor, mir an der lebensbejahenden Einstellung der beiden Energiebündel zukünftig ein Beispiel zu nehmen. Wir verbringen noch eine Weile am Rand des Wellenbeckens und die Zeit verfliegt im Nu, bis uns per Lautsprecher der Badeschluss mitgeteilt wird. Das Bad hat sich mittlerweile geleert und nur mehr vereinzelt liegen da und dort noch ein paar Badegäste, während der Großteil bereits dem Ausgang zuströmt, wo die auf dem Parkplatz von der Sonne aufgeheizten Autos bestiegen werden und eine Menschentraube bei der Busstation auf den Shuttle-Dienst wartet. Ich verabschiede mich mit galantem Handkuss bei Hedi und Edeltraud, die beide wie Backfische ob meiner altmodischen Geste kichern, und wenn morgen das Wetter passt, dann wären sie wieder im „Häufl". Was sonst!

* Anmerkung: Harry Piel (1892–1963) war ein deutscher Filmstar und Regisseur, der in über hundert (!) Filmen vom Cowboy bis zum Löwendompteur alles spielte, ähnlich dem heute noch unvergessenen Hans Albers. Die actiongeladenen Straßenfeger mit Titeln wie *Sprung in den Abgrund*, *Der Dschungel ruft* oder *Der weiße Schrecken* waren in allen Kinos zu sehen. Piel schaffte sogar den Sprung vom Stummfilm- zum Tonfilmstar. Leider wurde fast sein komplettes filmisches Schaffen bei einer Bombardierung unwiederbringlich vernichtet, nur wenige Streifen sind erhalten geblieben und Harry Piel ist heute in Vergessenheit geraten. Der geflügelte Ausdruck „Da schaust wie der Harry Piel in der Mistkiste!" hat aber noch viele Jahrzehnte überdauert. Zuletzt habe ich diesen Ausdruck von meinem Vater gehört, als ich selbst noch ein Kind war.

Tipps am Gänsehäufel

Das Gänsehäufelbad an der Alten Donau
Moissigasse 21, 1220 Wien, Tel.: +43 1 269 90 16, Mai bis September

Traditionelle Wirtshausküche in Wiens schönstem Gastgarten direkt am Wasser: Strandgasthaus Birner
An der oberen Alten Donau 47, 1210 Wien, Tel.: +43 1 271 53 36
Öffnungszeiten: Mo-So 9-24 Uhr
www.gasthausbirner.at

Das Strandgasthaus Birner zählt schon seit Kindheitstagen zu meinen persönlichen Lieblingslokalen, wo man in einem der schönsten und lauschigsten Gastgärten Wiens nach wie vor ohne viel Schnickschnack klassisch zubereiteten Fisch, Paniertes oder Gebratenes vom Schwein oder vom Kalb mit viel Saft, Knödeln und/oder Mayonnaiseerdäpfelsalat serviert, ganz klassisch, unabhängig von sämtlichen zurzeit angesagten Küchentrends.

Gasthaus und Gastgarten sind durch eine Straße getrennt und die Speisenträger müssen erst einen langen, vor Verkehrsberuhigung des Freizeitgebietes Alte Donau auch mitunter gefährlichen Weg mit den üppigen Speisen auf ihren riesigen Tabletts hinter sich bringen, bevor sich der Gast an den hier angebotenen Üppigkeiten der Wiener Wirtshausküche wie Grammelknödeln, Bauernschmaus oder Kalbsleber auf Tiroler Art gütlich tun kann. Auf mehreren Ebenen hat man die Möglichkeit, direkt an der Alten Donau gegenüber vom Angelibad (früher Birnerbad), unter den lauschigen Lauben dieses ursprünglichen und unveränderten Gastgartenjuwels mit traumhaftem Ausblick auf das Wasser sein Mahl einzunehmen. Die gigantischen, mit Unmengen Schlagobers gefüllten Birner Brandteigkrapfen oder die butterweichen Marillenpalatschinken dürfen zum Abschluss natürlich nicht fehlen. Aber auch im Winter, wenn im großen Gastraum der traditionelle, festlich geschmückte Christbaum steht, schmecken die

Wiens schönster Gastgarten beim Birner

Leberknödelsuppe und das kälberne Cordon Bleu direkt neben dem glühenden Ofen, wenn draußen die Alte Donau zugefroren ist und der eisige Winterwind durch Floridsdorf weht. Die Familie Birner betrieb Ende des 19. Jahrhunderts neben dem Traditionsgasthaus auch zwei Badeanstalten und die Überfuhr, wo sich heute der Birnersteg befindet. Viel wienerischer als hier geht es fast nirgendwo mehr zu.

Strandbeisl – Selbstverständlich
An der unteren Alten Donau 159, 1220 Wien, Tel.: +43 1 204 39 69
Öffnungszeiten: täglich 12–24 Uhr
www.strandbeisl.at

Gasthaus – Neu Brasilien
An der unteren Alten Donau 61, 1220 Wien, Tel.: +43 1 203 12 92
Öffnungszeiten: täglich 12–23 Uhr
www.neubrasilien.at

Segelschule und Bootsvermietung Hofbauer
An der oberen Alten Donau 191, 1220 Wien, Tel.: +43 1 204 34 35-0
www.hofbauer.at

„Bei mia kann ma nix erben, weu i bin imma stia.
Des hot an riesen Vurteil, weu so kann i nix valiern.
Und des is schee, schee, schee. Schee fia mi."
– Ostbahn Kurti, *Schee, schee, schee*

„I leb in an Grätzl am Rand von der Stadt,
wo angeblich a jeder a Goldherzerl hat,
's sind nur a paar Gassen und haufenweis' Bam
Und meistens sind ganz g'wöhnliche Leut dort daham …
Wir haben ka Society oder was si so nennt,
doch is uns des wurscht,
wenn der Schmäh nur gut rennt."
– Adi Hirschal & Marianne Mendt, *Kaisermühlen Blues*

„Was die Gemein-Wasser anlanget
sollen allein diese zu fischen Macht haben
die daselbst neben andern Weid Trieb und Trat haben
doch in jedem Wochen nicht mehr als zwey Tag
als Donnerstag und Freytag
allein mit Strittböhren Daupeln und Gezeug
die nach Prettlmaß und nicht enger gestrickt sind
und soll diese Fischerey allein vom Aufgang der Sonnen
biß um 11 uhr Mittags und nicht länger währen bey Straff"
– Wolf Helmhard von Hohberg, *Georgica Curiosa oder Adeliges
Land- und Feldleben*, Bd. 2, Nürnberg 1701, S. 544

Der Robert und der Donaustrom

Vom Krandaubeln und von der Wiener Gemütlichkeit

Durch Kaisermühlen zum Entlastungsgerinne

Geht man vom Gänsehäufel schnurstracks die Moissigasse weiter, kommt man, nachdem man den Schüttauplatz gequert hat und eine Pflichtpause beim Eissalon Andrea Bortolottis eingelegt hat, an den Kaisermühlendamm. Darunter befindet sich der viel befahrene, in die Südosttangente einmündende Kaisermühlen-Tunnel. Gelangt man über die Stufen auf die Dammkrone, sieht man schon links eine luftige Hängebrückenkonstruktion, die über das Entlastungsgerinne auf die Donauinsel führt. Die Brücke schwingt bereits beim geringsten Windstoß spürbar und bei etwas stärkeren Böen kann sie schon ganz schön heftig zu schaukeln beginnen. Auch das Sirren der dicken Drahtspannseile sorgt für ein ganz eigenes Gefühl, wenn man das strahlend blaue Wasser der „Rinne" überquert, fast als ob man auf einem Dreimaster hart am Wind segeln würde. Wenn man sich nach Überschreiten der Bücke links den geschotterten Weg zum Donauufer entlang hält, passiert man ein am Wegrand liegendes, in den Himmel ragendes und äußerst bizarr wirkendes, ausgemustertes Gittertor jener Art, die normalerweise auf Bootsstegen zu finden ist und die mit einem breiten Gitter und Zacken umgeben ist, damit ein Betreten für unbefugte Personen erschwert wird. Daneben

Luftige Brückenkonstruktion

rottet das Wrack einer havarierten ehemaligen Krandaubel in der Sonne vor sich hin. Eigentlich handelt es sich bei einer Daubel nur um das Netz, mit dem die Fische aus dem Fluss gezogen werden. In Wien wird das Fischerboot inklusive des Fangnetzes als Krandaubel bezeichnet. Gleich dahinter liegt ein kleines sogenanntes „Dörfel" von Krandaublern, die ihre eigenwillig anmutendenen, schwimmenden Fischerhütten fest verankert haben und dort quasi eine Art Schrebergartenanlage auf der Donau errichtet haben. Die Boote sind in der Regel zehn Meter lang und drei Meter breit. Darauf befinden sich eine 3 m breite und 4 m lange Hütte sowie eine Krandaubel. Bei dieser speziellen Art von Daubel handelt es sich um eine kranartige Hebevorrichtung, an der ein viereckiges Netz hängt, das man bei Bedarf mithilfe einer Kurbel in den Strom versenken und heben kann, um so auf relativ einfache Weise dieser im Aussterben befindlichen Art der klassischen Donaufischerei nachzugehen, die man von Wien bis Hainburg seit Jahrhunderten durchführt. Auf einem dieser Boote habe ich mich mit Robert verbredet, der seit mittlerweile zehn Jahren zu den Wiener „Daublern" zählt. Wenn es für mich ein „Wiener Original" in dieser Stadt geben sollte, dann ist das der Robert. Wir kennen einander bereits seit dreißig Jahren und Herr Brunnthaler, so heißt er mit bürgerlichem Namen, war immer schon ein Meister des – sagen wir es mal so – sehr eigenwilligen Geschmacks. Ob es sich dabei um seine Liebe zu den Ostländern handelt, die er noch vor dem Fall des Eisernen Vorhanges bis in die exotischsten Ecken besuchte, um dann die abstrusesten Geschichten über seine Reisen erzählen zu können, oder um sein Faible für die Fernsehserie *Lindenstraße*, von der er die ersten dreihundert Folgen sorgsam auf alten VHS-Kassetten archiviert hat. Auch bei seinem ersten New-York-Besuch wollte er gleich nach Little Odessa, dem Russenviertel, um sich dort an leeren Vitrinen und am unfreundlichen Personal („Wow, super! Fast wie in Russland!") zu erfreuen. Kennengelernt haben wir uns bei der Musik, denn da traf sich unserer Geschmack auf vielen verschiedenen Ebenen. Detto bei Film und Literatur. Ich werde auch nie eine Reise nach Prag vergessen, auf welcher er uns die Stadt in all ihren liebenswerten Facetten nahebrachte, Karel-Gott-Imitation inklusive, erprobt an harmlosen Prager U-Bahn-Fahrgästen, die nicht wussten, wie ihnen geschah, als er ihnen mit seidigem Timbre seine eigene Interpretaton von „Babička" vortrug. Die Geschichten, die ich mit Robert erleben durfte, würden wiederum ein eigenes Buch füllen. Lustig und skurril waren aber die meisten davon. Seit einiger Zeit hat nun der Robert die Liebe zur Donau und zur Krandaubelei entdeckt und darüber wird er mir heute einiges erzählen.

Sonnenuntergang auf der Donau

Seit zehn Jahren ist Robert nun stolzer Besitzer seiner eigenen Krandaubel und vor drei Jahren hat er sich mit seiner Zille „Luzilla" sogar auf den Weg den Donaustrom hinab ins Donaudelta gemacht. Aus Zeitgründen schaffte er leider nicht die ganze Strecke bis zur Donaumündung ins Schwarze Meer, kam aber ziemlich weit bei seiner ungewöhnlichen Stromfahrt. Die Geschichten, die er von dieser Reise mitgebracht hat, sind wirklich äußerst hörenswert und erschlossen mir eine bis dato komplett unbekannte Welt. Robert erwartet mich bereits mit Werner, einem Krandaublerkollegen, auf seinem am Donauufer fest verankerten Boot, das in der Strömung auf und ab schwingt. Beide sitzen in niedrigen Gartenstühlen an einem kleinen Holztischchen und winken mir zur Begrüßung zu. Über den sechs Meter langen, äußerst schmalen Holzsteg, der gerade heftig schaukelt, weil die Wellen einiger soeben passierender Boote an die Steine des Donauufers klatschen, gelange ich sicher auf das Fischerboot. Wir schütteln uns die Hände und Robert merkt auf den Wellengang zeigend an, dass heute viel Verkehr auf der Donau herrsche. Es ist Sonntag, fast sechs Uhr abends und es sind noch viele Wochenendkapitäne mit ihren Motorbooten unterwegs. In regelmäßigen Abständen schippern auch Passagierschiffe an unserem Liegeplatz vorbei. Ein Tragflügelboot, das wie eine retrofuturistische Rakete aus einem russischen Science-Fiction-Film der 1960er-Jahre aussieht, pflügt sich gerade durch das Wasser auf der anderen Seite des Stromes. Die Augustsonne hat um diese Zeit noch ganz schön viel Kraft und ich binde mir mein Bandana über den Kopf, da ich keinen Sonnenbrand riskieren möchte. Auf dem abgestoßenen Holztischchen serviert Robert eine leichte Sommermischung aus saurem Retzer Veltliner, den er mit dem klassischen Wiener Sodasiphon aufspritzt. Ich nehme ein ebenso klassisches Himbeerkracherl und mache es mir gemütlich. Die Getränke sind, dank einer auf dem Dach angebrachten Solaranlage, die den Kühlschrank mit Strom versorgt, eisgekühlt und die Sonne zaubert durch die angelaufenen Flaschen und Gläser bunte Reflexionen auf mein T-Shirt. Auf der anderen Seite des Flusses pulsiert das Leben der Stadt, während hier eine Idylle herrscht, die kein Geld der Welt bezahlen kann. Ich frage Werner, der gerade von seinem Spritzer nippt, ob er auch eine Krandaubel sein Eigen nenne, und er erzählt, dass er letztes Jahr verkauft hätte und heute nur auf Besuch da wäre. Dem gebürtigen Kaisermühlner, der sich nie vorstellen könnte, irgendwo anders zu leben, wurde der Erhalt seiner Krandaubel altersbedingt ganz einfach zu viel.

Außerdem saßen am Ende oft nur mehr seine Frau und er auf ihrem Daubel und keiner der alten Nachbarn auf den umliegenden Booten war mehr da. Da beschloss er, die Daubelei aufzugeben. Bei Robert schaut er aber immer wieder gerne vorbei, um mit ihm in der Sonne zu sitzen und die Donau zu genießen, bei einem Spritzwein oder vielleicht auch zwei. Werner ist 64 und war vor seiner Pensionierung Maler und Anstreicher. Da traf ihn der Pensionsschock ganz unvorbereitet, wie er mit trauriger Miene sagt. Glücklicherweise habe dieser Schock nur ein Wochenende angedauert, teilt er mir lachend mit und nimmt noch einen Schluck. Früher waren die Daubler

Die „Rinne" bei Sonnenuntergang

füreinander da, erzählt er, und man half sich gegenseitig aus. Heute sei das leider nicht mehr so. Außerdem würden sie neuerdings von den Magistratsbeamten mit horrenden „Einfahrgebühren" sekkiert und man könne nur mehr erschwert und sehr teuer mit dem Auto zu den Bootsanlegestellen zufahren. Damit hat Robert zwar keine Probleme, weil er immer mit dem Rad anreist, als er aber vor Kurzem dringliche Reparaturen mit einem Schweißgerät von seinem Bruder durchführen ließ, geriet auch er in die Mühlen des Beamtenapparates, da er die erforderliche Einfahrgenehmigung für den Pkw nicht vorweisen konnte, mit dem der Bruder das schwere Schweißgerät mit dem Auto hertransportieren wollte. Eine solche hatte Robert zwar vorher beim zuständigen Magistrat beantragt, mangels eigenen Autos aber nicht bewilligt bekommen. Also blieb dem Bruder gar nichts anderes übrig, als ohne Bewilligung einzufahren, bevor sich Roberts Daubelboot wegen einer gerissenen Schweißnaht losreißen konnte. Der sich daraus ergebende Diskurs mit den drei „Magistrats-Sheriffs", die glaubten, hier unbedingt und unerbittlich einschreiten zu müssen, war ein Drama für sich und die Erzählung der kafkaesken Story sorgt immer wieder für schallendes Gelächter und ungläubiges Kopfschütteln.

Gestrandetes Daubelboot

Ein Daubelboot ist – wie der Strom – immer in Bewegung, wie ich bei meinem Betreten erfahren habe (mittlerweile hat sich der Wellengang wieder beruhigt), weshalb regelmäßig Reparaturen erforderlich sind. Gemacht wird alles in Eigenregie. Viele der Daubelboote sind aus Materialien gefertigt, die aus dem Abfall von Metallfirmen stammen. Bei Roberts Unterbau stammt das Material aus den ehemaligen Tanks einer aufgelassenen Tankstelle. Heute sind solche Teile allerdings nur mehr schwer zu finden und so wird es auch immer komplizierter, ein Daubelboot instand zu setzen, geschweige denn ein neues zu bauen. Einige der benachbarten Boote wurden aus der Pipeline gebaut, die ein Stück weiter unten in der Lobau bei der Steinspornbrücke speziell für die Dreharbeiten zu einem James-Bond-Film angefertigt wurde. In der dort gedrehten Szene wurde die Steinspornbrücke in eine Grenzbrücke umgebaut, die hinter den Eisernen Vorhang führte. Jetzt schlummern die zugeschweißten Eisenrohre als Unterbauten unter den Decks einiger Krandaubeln.

Robert hat seinen breitkrempigen Strohhut, der ihn wie einen ungarischen Hirten aus der Puszta aussehen lässt, tief ins Gesicht gezogen und die Sonne brennt auf seinen geröteten, nackten Oberkörper. Er trägt sonst nur ausgewaschene Shorts und Schlapfen. Sein niedriger Stuhl lehnt an der offenen Tür, die in die kleine Hütte führt. In der Daubelhütte, dabei handelt sich um einen kajütenartigen Aufbau, der etwa zwei Drittel des Decks einnimmt, befindet sich eine klitzekleine Küchenzeile, die obligatorische eiserne Handkurbel für die Daubel und an der Decke schaukelt eine alte Schiffslaterne. An einem Deckenbalken hängen Geschirr- und Handtücher sowie allerhand sich mir nicht näher erschließender, anscheinend unerlässlicher Krimskrams, der für die Daubelei benötigt wird. Der wetterfeste Erste-Hilfe-Kasten wirkt überdimensional und könnte die komplette Besatzung eines Hochseedampfers mit Pflaster versorgen. Die Tür auf der anderen Seite der Hütte, dort wo sich die kranartige Daubelvorrichtung mit dem aufgespannten Netz befindet, ist ebenfalls geöffnet und sorgt für einen angenehmen Luftzug, der die Hitze erträglich macht. Werner trägt ebenfalls nur Shorts, Sneakers und ein schwarzes Trägerleiberl. Durch die getönten Augengläser schweift sein Blick immer wieder über den Donaustrom und über das diesseitige Ufer, sonst sitzt er still und in sich gekehrt auf seinem Stuhl. Werner kennt noch viele der alten Daubler und gemeinsam mit Robert erklärt er mir das Notwendigste über die Daubelei und über die Liegeplätze an der Donau.

Wissenswertes aus erster Hand

Das Recht auf den Liegeplatz einer Krandaubel auf der Donau erwirbt der angehende Daubler vom politisch rot gefärbten Arbeiter-Fischerei-Verein, während die Alte Donau wieder vollkommen in politisch schwarzer Hand sei, erfahre ich. Also herrscht auch hier auf dem Wasser strikte Parteibuchordnung, wie sie in Wien historisch verankert ist. Daubelboote würde es allerdings auf der Alten Donau keine geben. Die lägen nur hier am Donaustrom. Beim Alberner Hafen, auf der anderen Seite, gäbe es Daubelhütten, die auf Stelzen gebaut am Ufer stehen. Ich erfahre einiges über die verschiedenen Daubel-Varianten, die auch ohne Boot betrieben werden können, wie zum Beispiel den „Oarschzahrer", bei dem eine hebelartige Haltekonstruktion zwischen Gesäß und Knie eingeklemmt wird, oder das heute verbotene „Rauberzeugl", das, wie der Name bereits erahnen lässt, aus der illegalen Fischerei stammt und ein mobiles, leicht zusammenzubauendes und wieder auseinanderzunehmendes Daubelgerät ist, das mittlerweile aber kaum mehr verwendet wird.

Einen Anlegeplatz bekommt man nur dann, wenn man einem bereits angemeldeten Daubler den Platz abkauft. Um welchen Betrag er seine Daubel hergeben würde, frage ich Robert,

Ein Hallo von Robert und Werner

dessen von einem breiten Grinsen untermalte Antwort so typisch für sein Wesen ist. Für eine Million würde er sie schon hergeben, sinniert er mit an die Lippen gelegtem Zeigefinger. Hunderttausend wären zu wenig, denn da würde sich am Leben nichts ändern. Dafür würde er diesen einmaligen Ausblick auf die Donau und auf die Stadt nicht tauschen wollen. Nein, nein, da würde er schon lieber auf seinem Boot bleiben ohne Wenn und Aber.

Gefischt habe er heute schon. Aber ohne Glück. Das Netz blieb leer. Eine „Tschicklänge" soll das Netz untergetaucht im Wasser bleiben. Seit drei Wochen hat er nun bereits das Rauchen aufgegeben und momentan tut er sich noch ein bisserl schwer beim Abschätzen, wie lange er das Netz nun unten lassen sollte, meint er lachend. Zander, Karpfen, Brachsen, Nasen und Aitel kann man hier fangen. Weißfische eben. Barben nur mehr sehr selten, da diese Fische die Strömung lieben, und seit der Errichtung der Staustufe, die sich ein paar Kilometer flussabwärts in der Freudenau befindet, sei die Strömung hier nicht mehr so stark. Berufsfischerei gibt es hier seit über vierzig Jahren nicht mehr. Die Daubel-Fischerei ist nur für den Eigengebrauch bestimmt. Früher hat man ein paar der gefangenen

Fische „für ein paar Tschick und Bier" an Freunde weitergegeben. Werner erzählt mir Geschichten von seiner Großmutter, die in der ehemaligen „Brettlsiedlung" wohnte, einer legendären Arbeitersiedlung unweit von unserem Liegeplatz, dort, wo sich heute der Komplex der UNO-City, die in den letzten Jahren hochgezogenen Wolkenkratzer und der Donaupark befinden. Er erzählt vom „Koksstierln" und vom „Kanalstierln", wobei man Schillinge und Doppelschillinge und mit viel Glück manchmal auch einen Ohrring oder ein Ketterl aus dem Kanal erbeuten konnte.

Ein Pärchen fährt am Treppelweg mit dem Fahrrad vorbei und grüßt. Robert lädt die beiden ein, einen Sprung aufs Boot zu kommen. Die Frau radelt mit zum Gruß erhobener Hand weiter, während sich Charly, der hier manchmal auf den Booten nach dem Rechten sieht, zu uns gesellt. Charly ist braungebrannt, hat die so typische Lederhaut, die Sonnenanbetern im Alter eigen ist, und befindet sich ebenfalls bereits in Pension. In seinem früheren Beruf war er Offset-Drucker. Seine Frau wolle bereits nach Hause und sich frisch machen, erzählt er, während er dankend das von Robert angebotene Schremser Bier entgegennimmt. Die eisgekühlte Flasche ist feucht angelaufen und tropft auf den Boden. Er nimmt einen tiefen Schluck, raucht sich eine Gitanes an, bietet uns ebenfalls eine an. Ich sehe, wie die Rauchlust kurz in Roberts Augen aufflackert, aber er bleibt hart und unterbricht seine Nikotinabstinenz nicht. Charly trägt Camouflage-Shorts, ein T-Shirt mit dem Aufdruck „Schluss mit Lustig" und ein verwaschenes Fischerkäppi, das seinen Kopf vor der Sonne schützt. Seine Augen verstecken sich hinter tiefschwarzen Sonnenbrillen und sein Lachen ist trocken, wie man es von starken Rauchern kennt. Robert mischt neue Spritzer, ich lasse mir mein picksüßes Himbeerkracherl mit Soda verdünnen und wir beobachten einige Zeit den vorbeiziehenden Schiffsverkehr, der das Daubelboot immer wieder auf seinen Wellen auf und ab tanzen lässt. Nach wie vor gehen alle drei in die Donau baden und es würde nichts Erfrischenderes geben als einen Sprung in den kühlen Strom. Gefährliche Wirbel gebe es erst weiter flussabwärts. Hier sei es für einen geübten Schwimmer relativ gefahrlos. Heute war allerdings noch keiner der drei in der Donau, weil nach den Hochwässern, die es vorige Woche oberhalb von Wien gegeben hat, momentan viel Schlamm im Wasser sei und der Strom das erst verarbeiten müsse. Ob es auch zu Kollisionen von Booten oder Schiffen mit den befestigten Daubelbooten kommen würde, will ich wissen. Das komme immer wieder vor, höre ich von den dreien. Selbst die Daubel, auf der wir sitzen, wurde schon einmal von einem Frachter komplett versenkt, das war aber, bevor sie in Roberts Besitz war. Meistens passieren diese Zusammenstöße bei Wendemanövern. Werner zeigt auf ein Passagierschiff, das gerade schräg vis-à-vis bei der Anlegestelle am Mexikoplatz eine Kehrtwendung macht. Es wurden aber auch schon Brücken gerammt und ab und zu finden früh am Morgen die Dreharbeiten für die Fernsehserie *SOKO Donau* auf dieser Höhe statt, wo künstlich herbeigeführte Bootskollisionen abgefilmt werden. Ich kann mich erinnern, dass auch 1979 Maximilian Schell die Badeszene der *Geschichten aus dem Wiener Wald* mit Helmut Qualtinger ganz in der Nähe von hier drehte. Damals gab es allerdings noch kein Entlastungsgerinne, sondern das „Donaubett", das noch mit Bombentrichtern übersäte Überschwemmungsgebiet der Donau.

Von Gastlichkeit, Einbrechern und Wasserleichen

Äußert interessant finde ich auch, dass an dieser Stelle bei Hochwasser die hier festgemachten Boote fallen! Der Scheitelpunkt wäre an der stromaufwärts befindlichen Reichsbrücke, erklärt mir Robert, der sich mit dieser Thematik eingehend beschäftigt hat. Bis zu diesem Punkt würde das Wasser steigen, hier befindet sich der Strom allerdings in einem Gefälle und durch diese kleine „Steilheit" im regulierten Flussbett würde der Wasserstand nach der Reichsbrücke plötzlich wieder abfallen. Daher gibt es bei Hochwasser keine weiteren Probleme mit den Daubelbooten. Außerdem würden ja zum Ausgleich auch die Schleusen zum parallel verlaufenden Entlastungsgerinne geöffnet. Wir schaukeln leicht in der Strömung. Der gerade noch vorherrschende Bootsverkehr ist dank der frühen Abendstunde versiegt und schön langsam kehrt Ruhe auf dem Wasser ein.

Als ich ihn frage, ob auf den Booten auch eingebrochen wird, zeigt Robert auf die beschädigte Hecktür. Reingekommen sei bisher noch keiner und viel Wertvolles wäre auf dem Boot auch nicht zu finden. Bei diesen Einbruchsversuchen würde es sich meist um „bsoffene Gschichtn" handeln. Selbst die Polizei sei oft erstaunt, wie viel sich manche dieser üblen Zeitgenossen an Arbeit antun, nur um an eine Flasche Bier zu gelangen. Robert zwirbelt seinen Bart mit Daumen und Zeigefinger, während er sich in einer für ihn charakteristischen Geste mit einer kreisenden Bewegung seiner rechten Hand den Bauch wie ein Buddha zufrieden reibt. Er lacht dabei sein abgehacktes Lachen und seine Augen blitzen vergnügt. Werner und Charly stimmen in sein Lachen ein. Als die Sonne schon tiefer steht und die Stimmung immer lauschiger wird, kramt Robert aus einer Kiste einen 15 Jahre gereiften „Tobermory" hervor, den er uns anbietet. Der torfig-salzige Geruch dieses edlen Single-Malts ist betörend und ich frage, wie es mit sich zufällig ergebenden Besuchen neugieriger Spaziergänger steht, die immer wieder an der Promenade vorbeikommen und neidvolle Blicke auf unsere Runde werfen. Wenn jemand lange genug herüberschaute, dann würde er zu einem „Trankl" eingeladen. Das habe er auf seiner Donaufahrt mit der Zille von den Serben gelernt, meint Robert. Dort wurde er immer wieder gastfreundlich bewirtet und konnte dabei viele neue Bekanntschaften schließen. Diesen Brauch hat er übernommen und dadurch in den letzten Jahren einige interessante Bekanntschaften machen können.

Unser nächstes Gesprächsthema sind der hier nach dem Einsturz der Reichsbrücke mit dem „Kottan"-Ensemble gedrehte Patzak-Film *Dem Tüchtigen gehört die Welt* sowie eine erst vor Kurzem hier choreografierte Filmszene mit etlichen Booten und zwei Hubschraubern für eine internationale Filmproduktion. „Da werden wir alle im Hintergrund zu sehen sein", meint Charly feixend, während er einen tiefen Schluck von seinem Bier nimmt. Dann diskutieren wir über die feinen Unterschiede der Wiener Pferdefleischerei Gumprecht zur Pferdefleischerei Schuller. Eine Schuller-Filiale, in der man butterweiche Fohlensteaks und grandiosen Pferdeleberkäse bekommt, befindet sich nur fünf Minuten von hier in Kaisermühlen, gleich neben dem Branntweiner, bei dem Elisabeth Spira ihre legendäre *Alltagsgeschichten*-Episode über Kaisermühlen drehte. Werner kennt viele der schrulligen Protagonisten aus dieser viel diskutierten Folge persönlich und weiß einige Anekdoten über diese schrägen Charaktere zu erzählen. Robert hat sich erst voriges Jahr ausgerechnet, dass er statistisch alle zehn Jahre eine Wasserleiche abbekommen könnte, da diese sich erfahrungsgemäß recht häufig am Unterbau und in den Seilen der Krandaubeln verfangen. Vor einigen Wochen rief ihn nun tatsächlich ein Daublerkollege an seinem Arbeitsplatz an, um ihm mitzuteilen, dass eine Leiche an seiner Daubel festhing. Die Geschichte über den Polizeieinsatz und Roberts Freistellungsgrund „Chef! I muass weg! I hob a Leich auf da Hittn!" ist zwar extrem makaber, wird aber wieder in einer morbiden Schmäh-Variante vorgebracht, die es einem trotz der ernsten Thematik eher schwer macht, sich eines Lachen zu enthalten. Vor allem die Beschreibung der Situation, als die Polizei nach dem Abtransport der Leiche noch einmal anklopfte und um einen Wasserkübel bat, damit man noch einige undefinierbare Reste inklusive eines Auges, die anscheinend nicht mitgenommen worden waren und noch vor Roberts Steg lagen, wegschwappen konnte, lässt mich schwer schlucken. Auch der Geruch, den der Leichnam verströmte, soll noch einige Zeit intensiv wahrzunehmen gewesen sein. Details über den Todesgrund wurden Robert auf seine schriftliche Anfrage hin aus Datenschutzgründen nicht mitgeteilt. Fremdeinwirkung wurde von Seite der Exekutive auf jeden Fall ausgeschlossen. Na ja, jetzt hätte er ja wieder zehn Jahre Zeit bis zur nächsten Leiche, bemerkt Robert abschließend.

Die Sonne ist mittlerweile nur mehr ein orangefarbener Feuerball, der zwischen dem Kahlen- und dem Leopoldsberg verschwindet und sich fast schon kitschig in den Wellen der Donau spiegelt. Gelsen, so erklärt mir Robert, gibt es hier so gut wie keine, weil ihnen die paar Meter vom Ufer über das

Robert erklärt die Daublerei

Wasser bis zum Boot bereits zu weit sind. Außer, es ist wirklich absolut windstill und das kommt an der Donau nur alle heiligen Zeiten vor.

Auch im Winter sitzt Robert oft auf seinem Boot. Er hat einen kleinen Gasofen in der Hütte, der ordentlich wärmt. Da man auf dem Daubelboot immer die Möglichkeit hat, an der jeweils windabgewandten Lee-Seite zu sitzen, entweder am Heck oder am Bug, braucht man nur die dementsprechende Tür der Hütte zu öffnen, um in den Genuss der herausströmenden Wärme zu kommen. Das funktioniert auch, wenn es sich um einen sonnigen Wintertag handelt, da sich die Luft in der Hütte durch die Sonne erwärmt. So kann man manchmal bereits im Februar mit dem kurzen Leiberl an Deck sitzen und sanft im Wellengang des Stromes dahindösen und auf die ersten Boten des bevorstehenden Frühlings warten.

Bevor die Nacht endgültig über das Daublerdörfel hereinbricht, zeigt mir Robert noch seine heiß geliebte „Luzilla", seine kleine Zille, die ihn sicher die Donau hinunter und wieder herauf gebracht hat und nun im hohen Gras am Ufer liegt. Hier zwischen den morschen Stümpfen abgestorbener Bäume, die in der Nacht unheimlich fluoriszieren, tummelt sich eine

Durstlöscher

Vielzahl seltener Insekten. In unregelmäßigen Abständen komme sogar ein Wissenschaftler mit seiner Filmausrüstung zu diesem kleinen Flecken, da er hier ein Mekka zu erforschender Krabbelwesen vorfinden würde, die sonst nirgends in Wien zu finden sind. Fotografieren will sich Robert mit seiner „Luzilla" nicht lassen, weil ein Boot aufs Wasser gehört und nicht an Land, wie er meint.

Ich mache mich wieder auf den Rückweg entlang des Donauufers, wo die letzten Strahlen der Sonne die Kirche am Mexikoplatz golden aufleuchten lassen und sich in den Karosserien der Autos, die über die Reichsbrücke strömen, widerspiegeln. Der so typische Geruch des Donaustroms, der sich seit den Tagen meiner Kindheit nicht verändert hat, hängt schwer in der schwülen Luft. Jetzt treffe ich auf keine Menschen mehr und habe das Panorama der Stadt ganz für mich allein. Die Ruhe ist beinahe meditativ. Erst kurz vor der Reichsbrücke, wo sich die thailändische Community Wiens jedes Wochenende unter der Zufahrtsrampe trifft, höre ich fernöstliche Musik und die Gerüche der Thaispeisen, die bei diesem charmanten Picknick verzehrt werden, hängen in der Luft. Ich gehe an der exotischen Menschenansammlung vorbei, Frauen schnattern und tratschen gut gelaunt, Kinder spielen ganz in ihrer unschuldigen Kinderwelt versunken und kreischen vor Vergnügen. Es riecht nach Räucherwerk und Kokosmassageöl.

In die U-Bahnstation strömen die letzten Badegäste der „Rinne" und in einem überfüllten Waggon der U1 mache ich mich zwischen sonnenverbrannten Leibern und müden Kinderaugen auf den Heimweg.

Wenn Sie einmal bei den „Daublern" vorbeispazieren und Robert an seinem Platzerl sitzen sehen, genieren Sie sich nicht und schauen Sie nur lange genug zu ihm aufs Boot hinüber. Dann wird Sie Robert gerne auf ein „Trankl" hinüberwinken. Er freut sich immer über interessanten Besuch und ein kleines Tratscherl.

Adressen in Kaisermühlen

Eissalon Trento Bortolotti

Schüttauplatz 2, 1220 Wien, Tel.: +43 1 263 36 77
Öffnungszeiten: März–September täglich 9–23 Uhr
www.eissalon-trento-bortolotti.at
Der im ganzen Grätzel beliebte Eissalon Bortolotti befindet sich direkt auf dem Weg zum Gänsehäufel und ist bei Schönwetter dementsprechend gut besucht. Die ausgezeichnete Qualität der angebotenen Eiskreationen sprechen für sich und ein paar Minuten auf einen freien Tisch zu warten zahlt sich aus.

Pferdefleischerei Schuller

Moissigasse 8, 1220 Wien, Tel.: +43 1 263 68 42
Öffnungszeiten: Mo–Fr 7–18 Uhr
Die Pferdefleischerei Schuller ist ein Traditionsbetrieb mit mehreren Filialen in Wien. Probieren Sie den ausgezeichneten Leberkäse mit englischem Senf und Salzgurke und lernen Sie auf diese Art ein Stück Wien kennen.

Fische – Kaisermühlen

Schüttaustraße 57, 1220 Wien, Tel.: +43 1 263 76 55
Öffnungszeiten: Di–Do 8–14 Uhr, Fr 8–18.30 Uhr, Sa 8–13 Uhr
www.fische-kaisermühlen.at
Bereits seit fünfzig Jahren kommen hier die Stammkunden von Nah und Fern, um bei gebackenem oder gegrilltem Fisch mit Mayonnaise- oder Erdäpfelsalat ihren Hunger zu stillen. Natürlich gibt es auch frischen Fisch für die heimische Zubereitung.

Rezept

Selbstverständlich darf hier ein Gericht mit Donaufisch nicht fehlen. Das nachfolgende Karpfengröstl nach einem Rezept meiner Tante ist leicht nachzukochen und äußerst schmackhaft.

KARPFENGRÖSTL
Zutaten (für 4 Personen)
500 g zugeputzte und geschröpfte Karpfenfilets
500 g gekochte mehlige Erdäpfel
250 g roter, grüner und gelber Paprika, in Streifen geschnitten
100 g Stangensellerie
100 g Frühlingszwiebeln
Kümmel, Majoran, Butter
natives Olivenöl, in Ringe geschnittener Schnittlauch
Zitronensaft

Zubereitung
Die in Scheiben geschnittenen, gekochten Erdäpfel in Butter anbraten, bis sie Farbe angenommen haben. Die geschnittenen Frühlingszwiebeln beifügen, mit Kümmel, Majoran, Salz und Pfeffer würzen und für 3 Minuten anbraten. Die Stangensellerie in 1 cm dicke Stücke schneiden und gemeinsam mit dem Paprika zur Erdäpfel-Jungzwiebel-Mischung dazugeben und 5 Minuten mitbraten.

Die Karpfenfilets salzen und pfeffern und mit Zitronensaft beträufeln. Die Hautseite mehlieren und auf dieser Seite im erhitzten Olivenöl knusprig anbraten.

Das Gemüse auf Teller drapieren und die gebratenen Fischstücke darauf verteilen. Mit Schnittlauch garnieren.

Weinempfehlung:
Grüner Veltliner „Oberer Jungenberg",
Weinbau Göbel, Stammersdorf, Wien

„Ich träumte von weißen Pferden
Wilden, weißen Pferden an einem Strand
Ich lag mitten zwischen den Sternen
Sah das Gesicht einer Wahrsagerin
Ich glaube an die Kartenspiele
Und an meinen Vorstadtkinderinstinkt
Mehr als an die Reden der Vorsitzenden
Nachsitzender, der ich in der Schule war
Aber sag mir, woran
Woran, meine Liebe, glauben wir noch"
– Georg Danzer, *Weiße Pferde*

Der Fiaker-Willi

Vom Zentralfriedhof
zum Michaelerplatz

Im Schatten des I. Tores

Es ist kurz nach acht, als ich mich auf dem kleinen Parkplatz, der sich zwischen den Straßenbahnschienen des berühmten 71ers und dem 1. Tor des Zentralfriedhofs befindet, einparke. Außer meinem Vehikel stehen hier nur das Auto der Blumenhändlerin, die gerade dabei ist, ihre Waren formschön für die zu erwartenden Friedhofsbesucher zu drapieren und mit Wasser abzukühlen, sowie ein rostiger hellblauer Dacia mit rumänischem Kennzeichen, dessen Fenster angelaufen sind und auf dessen Rückbank ein junger Mann noch tief schläft. Der Torwärter, der für die Ein- und Ausfahrt in den Friedhof zuständig ist und bei dem man eine Wagenkarte lösen kann, so man mit dem Auto seine verblichenen Verwandten in Wiens größter Nekropole besuchen will, steht noch mit verschlafenen Augen vor seinem Häuschen. Bei der Tramway-Station wartet ein älterer Herr, dessen Lippen sich unablässig bewegen und der sinnierend den Aushub seiner Nasenbohrung auf seinem rechten Zeigefinger betrachtet, bevor er ihn kopfschüttelnd wegschnippt, um die nächste Erkundungsreise ins Innere seines Riechorgans zu unternehmen. Durch das Gitter des Außenzauns kann ich direkt das Grab von Arthur Schnitzler sehen, der hier seine letzte Ruhestätte gefunden hat. Es ist Samstag

Neugieriges gegenseitiges Beäugen

und allerhöchster Hochsommer, es hat bereits zu dieser frühen Stunde „21 Krügerl" auf dem Thermometer und es scheint trotz des verpfuschten Wetters der letzten Wochen heute ausnahmsweise wirklich heiß zu werden. Die Simmeringer Hauptstraße liegt verwaist vor mir und die vis-à-vis befindliche 5 m hohe aus Stein gehauene Jesusstatue, die am Eingang des „Schloss Concordia"-Restaurants die Besucher mit einladender Geste empfängt, scheint ebenfalls noch zu schlummern. Ich versperre mein Auto und mache mich mit Kamera, Schreibstift und Notizblock bewaffnet auf den Weg zu dem Gestüt, das sich ebenfalls auf der Simmeringer Hauptstraße, gleich eine Gasse weiter, etwas versteckt befindet, um mich mit dem Fiaker-Willi zu treffen.

Den Willi kenne ich bereits seit gut einem Jahrzehnt als Genießer und Stammgast in meinem Lokal, erfuhr aber erst vor Kurzem ganz zufällig, dass er als Fiaker in Wien tätig ist. Willi hat sich einverstanden erklärt, mich auf die Fahrt zu seinem Arbeitsplatz in der City mitzunehmen und mir von seinem Leben und seiner Arbeit als Fiaker zu erzählen.

Er winkt mir bereits von Weitem zu, als ich das Rollgitter aufziehe und mir selber Einlass verschaffe. Die edle,

Willi kontrolliert das Fahrtenbuch

bordeauxrote, feingearbeitete und blitzblank geputzte Kutsche steht mit leerer Deichsel vor den Stallungen und Willi ist gerade damit beschäftigt, die Autobatterie zu wechseln, die den Strom für die Leuchten an der Kutsche liefert.

Willi Wipplinger, so heißt er im bürgerlichen Leben, ist eine Seele von einem Mensch, legt vollendete Umgangsformen an den Tag und aus seiner ruhigen Art zu sprechen ist noch ein kleiner Rest des für Wien so berühmten „Schönbrunner Deutsch" herauszuhören. Die klassische Wiener Gemütlichkeit findet in ihm und in der ihm ganz eigenen Art zu kommunizieren einen würdigen Vertreter. Er begrüßt mich mit festem Handschlag und freundlichem Lächeln, stellt mich dem aus Ungarn stammenden Stallburschen Gabor vor, der ihm bei der Montage der Batterie hilft, und widmet sich weiter mit zusammengekniffenen Augen dem Einbau der Stromquelle.

Während Gabor bereits in den Morgenstunden, den sommerlichen Temperaturen angepasst, mit entblößtem Oberkörper an der Kutsche hantiert – er scheint unter seiner sonnenverbrannten Haut nur aus Muskeln und Sehnen zu bestehen –, trägt Willi bereits feine Hose, Hemd, Krawatte und Jackett, so wie es die strenge Bekleidungsvorschrift für Fiaker vorsieht. Seine Melone liegt noch auf der Kutschbank und wird erst bei der ersten Fuhre aufgesetzt, wie er mir erklärt. Ich sehe mich noch etwas in den geräumigen Stallungen um, wo es nach Pferd und Heu duftet und Kindheitserinnerungen an Zirkusbesuche mit meinen Eltern geweckt werden, während die beiden noch die Fahrtenbücher durchgehen, in denen penibel alle Fahrten und Fütterungszeiten einzutragen sind, da auch in diesem Gewerbe seit einigen Jahren strenge Kontrollen von den Magistratsbeamten durchgeführt werden. Die Pferde, die hier in den Stallungen untergebracht sind, beäugen mich genauso neugierig wie ich sie. Die Heuballen verströmen einen intensiven, angenehmen Geruch. Bei jeder Koppel ist sorgfältig ein geschnitztes Namensschild angebracht, davor hängt das Zaumzeug des jeweiligen Rosses. Die mich begutachtenden Vierbeiner hören auf Namen wie Livy, Marlon, Wodka oder Hugo. Auf der anderen Seite der Straße sind hinter der hohen Friedhofsmauer die Giebel der höchsten und prunkvollsten Grufteten der jüdischen Abteilung, die sich hinter dem 1. Tor befinden, zu sehen.

Der Ritt in den Sonnenaufgang

Livy schnaubt mich mit wachem Blick an und als ich mich mit ruhiger Stimme bei ihr vorstelle, lässt sie sich den braunen, mächtigen Kopf tätscheln. Heute werden uns die beiden Schimmel Wodka und Marlon, zwei rumänische Wallache, wie mir Gabor erklärt, der trotz der zunehmenden Hitze vor Energie zu sprühen scheint, in die City bringen. Er schirrt die beiden edlen Rösser mit gekonnten Griffen an und Willi schwingt sich auf den Kutschbock, während ich auf einer der lederbezogenen Bänke Platz nehme, auf denen karierte Decken liegen und die vier Personen bequem Platz bieten. Wir rattern über den geschotterten Weg auf den Straßenasphalt und mit korrekt ausgeführtem Handzeichen biegen wir in den frühmorgens noch schwachen Verkehr ein. Gute eineinhalb Stunden wird die Fahrt zum Michaelerplatz dauern, wo Willi heute seinen Stehplatz hat, um auf die hoffentlich zahlreich erscheinenden Fahrgäste aus aller Welt zu warten, die sich durch die Gassen der Innenstadt kutschieren lassen wollen. Im Gegensatz zu vielen anderen Kollegen lässt Willi seine Rösser nur langsam gehen, weil das viel schonender für die Gelenke der Tiere ist, als sie auf dem Asphalt traben zu lassen. Vorbei an Friedhofsgärtnereien, Grabsteinhandlungen und dem

Auf der Simmeringer Hauptstraße

noch leeren Simmeringer Bad, wo in Kürze die Badegäste eng geschlichtet wie die Sardinen auf dem Rasen liegen werden, führt uns unsere gemächliche Fahrt vom Rand ins Zentrum der Stadt – eine Fahrt, die der ebenso gemächliche Willi jeden Tag vor Dienstantritt und nach Dienstschluss vor sich hat. Zeit, um zu meditieren und über das Leben zu philosphieren, hat er ausreichend, wie er mir mit verschmitztem Blick gesteht. Er dreht sich bei unserem Gespräch immer wieder zu mir zurück, um den Blickkontakt zu suchen, ohne dabei die Straße aus den Augen zu lassen.

Während mir Willi über die gestrengen Vorschriften, die seit einigen Jahren für die Wiener Fiaker gelten, ausführlich erzählt, erwacht die Simmeringer Hauptstraße so nach und nach zum Leben. Manche Leute grüßen den Willi bereits wie alte Bekannte, wenn er mit seiner Kutsche täglich zur gleichen Zeit an ihren Geschäften oder ihren Fenstern vorbeirattert. Der Verkäufer vor dem türkischen Supermarkt sortiert gerade Pfirsiche in die Obstkisten vor dem Geschäft und die halbierten Wassermelonen, groß wie Medizinbälle, lächeln verführerisch herüber. Die schlanken Türme der Kirche auf dem Enkplatz ragen majestätisch in den Morgenhimmel, der Platz ist sonnenüberflutet und der heute hier stattfindende Bauernmarkt versteckt seine Stände mit Produkten von Obst- und Gemüsegärtnern aus der Umgebung (Wien ist ja eine der wenigen Großstädte, die über Landwirtschaftsflächen verfügen) unter riesigen Sonnenschirmen vor der bevorstehenden Hitze.

Eine Dame mit übergestülpten Kopfhörern, sie bewegt ihren Kopf zum Rhythmus der Musik, hebt gerade swingend das Häuferl ihrer Promenadenmischung auf. Ihre Hand ist dabei in eines der schwarzen Plastiksackerl gekleidet, die es in ganz Wien zur freien Entnahme für die Hundekotentsorgung gibt. Die Reinigungsfrau eines Wettbüros schüttet den Kübel mit schmutzigem Aufwaschwasser in den Kanal vor dem Geschäft und im Schanigarten vor der Fastfood-Kette mit dem großen „M" genehmigen sich eine Handvoll Jugendliche ihr systemgastronomisch genormtes Frühstück.

Die moderne Niederflurversion des 71ers, ebenfalls vom Zentralfriedhof kommend, überholt uns mit irrem Tempo, während wir mit unserem Zweispänner mit ungefähr fünf Kilometer pro Stunde in Richtung Innere Stadt unterwegs sind. Willi erklärt mir, dass derzeit laut Verordnung pro Tag 58 Fiaker in der Stadt stehen dürfen. Eine kleine Runde würde unabhängig von der Personenanzahl € 40,– kosten, während die große Runde mit € 80,– zu Buche schlagen würde. Beim Gros seiner Kunden handele es sich um Wochenendtouristen, die von Freitag bis Sonntag in die Stadt kämen und dementsprechend zum Wochenende die Umsätze der Fiaker hochschnellen ließen. Vor allem mit Gästen aus den arabischen Ländern würde er in den letzten Jahren gute Geschäfte machen. An guten Tagen käme er manchmal schon auf zehn Fahrten, während es im Winter manchmal auch nur zwei Fahrten wären. Um über die Runden zu kommen, müsse man also vom Sommerverdienst etwas für die ruhigere Winterzeit zurücklegen, meint er, während er an seinem Kragen nestelt, die Krawatte zurechtrückt und mit Handzeichen dem Verkehr einen bevorstehenden Richtungswechsel anzeigt. Wir biegen in die viel ruhigere Rinnböckstraße, die parallel zur Simmeringer Hauptstraße stadteinwärts führt, um die Tiere nicht zu sehr vom Verkehr stressen zu lassen und um den mittlerweile einsetzenden Verkehr nicht zu sehr zu behindern, da man sich als Fiaker bei den Autofahrern nicht allzu beliebt mache, wie Willi mit unterstreichender Handbewegung erzählt. Mit einem leichten Zungenschnalzen forciert Willi das Tempo der beiden Wallache und die gehorchen ihm aufs Wort, oder besser gesagt: auf den Schlag seiner Zunge. Drei Gespanne würde er in einem „Radldienst" ausfahren und er hat zu allen ein sehr gutes, persönliches Verhältnis. Die Tiere mögen auch ihn und sein typisches Schnalzen genüge meist, um die Tiere im richtigen Tempo und auf dem richtigen Weg zu halten. Die Peitsche müsse er nur ganz selten, und da auch nur sanft, einsetzen, wenn eines der Pferde langsamer geht als das andere und er das Tempo austarieren müsse. Wie es denn mit dem Tierschutz bei den Fiakern sei, will ich wissen, und Willi meint, dass die meisten Tierschützer den Fehler machen, die Bedürfnisse der Tiere mit jenen des Menschen gleichzusetzen, und dass es dadurch immer wieder zu Missverständnissen und Protesten von Tierschützern kommen würde. Er sorge sich um seine braven Tiere und war früher, bevor er Fiaker wurde, leidenschaftlicher Reiter. Willi scheint seine Pferde tatsächlich zu lieben und ich hatte auch den Eindruck, dass die Tiere sowohl im Stall als auch vor der Kutsche in besten Händen sind. Für die Behufung der Tiere ist einer der wenigen Hufschmiede zuständig, die es in Wien noch gibt und der sich um mehrere Fiakerbetriebe kümmert, erklärt mir Willi, während er sich zu mir herumdreht und gleichzeitig den Gruß eines Straßenkehrers erwidert, der wortlos die Hand gehoben hat, als er Willi erblickt.

Seitenstraße mit Vergangenheit

Die Rinnböckstraße, benannt nach einem Simmeringer Gastwirt, Hausbesitzer und Gemeinderat, ist eine unspektakuläre Seitenstraße, die dem aufmerksamen Betrachter aber trotzdem einen kleinen Einblick in die Geschichte dieses historischen Arbeiterbezirkes gibt. Die Kamine, die Ziegelmauern und die mit Holz verkleidete Dachverschalung eines Hinterhofes, den wir gerade passieren, zeigen hier noch, wie es vor ungefähr hundert Jahren ausgesehen hat. Einige Häuser stammen aus dem sozialen Wohnbau der 50er-Jahre unter Bürgermeister Franz Jonas. Nach einem Schild für einen Kindergarten, der mit Deutschförderung für Kinder mit Migrationshintergrund und täglich frischem Halal-Essen wirbt, entdecke ich auch einige Gedenktafeln zur Zeitgeschichte Simmerings. Zum Beispiel folgende Inschrift, die an der Hausmauer der von der Sozialdemokratischen Partei gebauten „Freien Schule der Kinderfreunde" an der Hausnummer 55 angebracht ist:

NIEMALS VERGESSEN!
AN DIESER STELLE WURDE AM 6. APRIL 1945
VON DEN NAZI-FASCHISTEN DER KOMMUNIST
OTTO KOBLICEK

ARBEITER DES GASWERKES SIMMERING
ERMORDET
ER FIEL IM KAMPF UM ÖSTERREICH.
SEIN TOD IST VERPFLICHTUNG ZUM KAMPF
GEGEN JEDE ART VON FASCHISMUS
MAI 1947 K.P.Ö. SIMMERING

Bei den Kinderfreunden, so verrät mir Willi, war er auch für einige Zeit als Sozialarbeiter tätig, aber als junger Rebell fand er diese Tätigkeit, in der man nur mit dem richtigen Parteibuch Karriere machen konnte, zu politisch ausgerichtet, woraufhin er diese Organisation flugs wieder verließ.

Einige Häuser weiter entdecke ich eine weitere Steintafel, die an drei jüdische Bewohner erinnert, die in der Zeit des Nationalsozialismus in die Schweiz bzw. nach Schanghai flüchten konnten. Eine Bewohnerin wurde allerdings nach Treblinka deportiert und 1942 dort ermordet.

An der Ecke Rinnböckstraße/Schneiderstraße befindet sich an einer roten Ziegelmauer eine weitere Gedenktafel, die an diese dunkle Zeit der österreichischen Geschichte gemahnt:

KÜNDIGUNGSGRUND „NICHTARIER"
Aus diesem Hause wurde 1938 von
den Nationalsozialisten vertrieben:
Paula Schein
Opfer des Holocaust.
NIEMALS VERGESSEN!

Willi erzählt mir von seinem Vater, der 1912 auf die Welt kam und Zeit seines Lebens immer überzeugter Sozialdemokrat gewesen war, wogegen seine Mutter, Jahrgang 1923, bereits bei den illegalen Nationalsozialisten tätig war und nach dem Krieg aus Ekel und Abscheu über die furchtbaren Auswirkungen, die deren Terrorregime schlussendlich für ganz

Europa hatte, sogar eine Zeitlang in ein Kloster eintrat, um Buße zu tun.

Willi ist knapp 49 Jahre alt und man kann sich ausrechnen, dass er ein sehr spätes Kind war. Sein Vater verstarb im Alter von 85 Jahren, während seine Mutter auch im hohen Alter über diese furchtbare Zeit nichts erzählen will. Aufgewachsen ist Willi im Nobelbezirk Hietzing. Deshalb noch die Reste von „Schönbrunner Deutsch", wie er lächelnd vermerkt und im Anschluss mit der Zunge schnalzt, um die Pferde wieder auf Spur zu bringen. Wir befinden uns gerade unter der viel befahrenen Südosttangente, wo der Verkehr der Stadtautobahn über uns in einem unendlichen Strom mit stetigem Brummen hinwegtost. Bei uns klappern dagegen nur die Hufe, durch die über uns befindlichen Betonmauern noch verstärkt, und wir biegen direkt unter der Stadtautobahn wieder in die Simmeringer Hauptstraße ein. Zu unserer Rechten ein paar hundert Meter entfernt befindet sich das Veranstaltungsareal der Wiener Arena, während zu unserer Linken, etwa im gleichen Abstand, der morbid-romantische St. Marxer Friedhof aus der Biedermeierzeit liegt. Wir passieren das futuristisch-steril und menschenleer wirkende Gebäude der T-Mobile, hinter dem sich der in den letzten Jahren errichtete Stadtteil „Neu Marx" ebenfalls steril und gesichtslos anschließt. Willi erzählt währenddessen vom aus disziplinären Gründen erzwungenen Abbruch seiner Gymnasialkarriere in der 7. Klasse, der ihn heute noch wurmt, da er trotz seiner künstlerischen Veranlagung nie Probleme mit dem Lernen hatte. Nach dem Schulabbruch kurz vor der Matura begann er eine Hafnerlehre, in der er seine Ausbildung direkt vom Innungsmeister erhielt. Die Hafnerei ist zwar ein künstlerischer Beruf und „eine Wissenschaft", wie man es so schön in Wien tituliert, trotzdem hatte er als Spross aus gutbürgerlichem Hietzinger Hause am Anfang seiner Ausbildung große Probleme, den Slang der Arbeiter zu verstehen. Er gewöhnte sich aber rasch in die Arbeit ein, die ihm sehr viel Spaß bereitete, und machte sich sogar gemeinsam mit seiner Ex-Frau in Pressbaum als gefragter Hafner selbstständig. Krankheitsbedingt musste er allerdings den gut eingeführten Betrieb im verflixten siebenten Jahr wieder aufgeben.

Nach seiner Gesundung probierte er gleich, wieder im selben Beruf Fuß zu fassen, diesmal in der Leopoldstadt, und da lernten wir einander kennen, als er mir eine Einladung für die Eröffnungsfeier seines Hafnerbetriebes gab, auf der auch eine Kutschenfahrt für Kinder und eine Segnung durch den Gemeindepfarrer vorgesehen war, beides ist in heutiger Zeit eher unüblich und erinnert mich stark an meine Kindheit, als diese Bräuche noch gang und gäbe waren.

Deshalb blieb mir diese Einladung so in Erinnerung. Leider war dem Unternehmen wegen schlechter Auftragslage nicht der gewünschte Erfolg beschieden, sodass Willi wieder zusperren musste und auch seine Ehe daran kaputtging. Willi hat zwar zu seiner Ex-Frau heute keinen Kontakt mehr, sehr wohl aber zu seinem 23-jährigen Adoptivsohn, auf den er große Stücke hält. Gemeinsam mit seiner Ex-Frau hatte er zudem Tibetische Hirtenhunde gezüchtet und in dieser Zeit lernte er auch den mittlerweile verstorbenen berühmten Bergsteiger und Dalai-Lama-Vertrauten Heinrich Harrer näher kennen, der zu dieser Zeit das Amt des Ehrenpräsidenten der Tibetischen-Hirtenhunde-Züchter innehatte. Willi kommt über die Bücher Harrers ins Schwärmen. Er hatte die abenteuerlichen Berichte verschlungen und Harrer als Menschen sehr geschätzt. Auch Hans Hass, der als Unterwasser-Pionier mit seinen weltweit erfolgreichen Büchern und Filmen in die Geschichte einging, hatte es Willi angetan und brachte ihn zum Tauchsport. Einem seiner Hobbys, dem er nach wie vor noch frönt.

Da der Rennweg vor uns wegen einer der zahlreichen Baustellen, die Wien in der Sommerzeit wie eine Seuche heimsuchen, gesperrt ist, biegen wir in die Schlachthausgasse ein, um den Umweg über die Landstraßer Hauptstraße zu nehmen.

Unweit von uns, in der Nähe des Kardinal-Nagl-Platzes, befindet sich auf dem Gebiet eines ehemaligen Fiakerdörfels und -quartiers der Fiakerplatz, wo ein Denkmal aus dem Jahre 1937 ein Fiaker-Original, den „Schuaster Franz", mit gelüpftem Hut darstellt. Originale, wie es sie in der Geschichte der Fiaker zuhauf gegeben hat, sind heuer eher rar, meint Willi. Auch der Genuss von Alkohol während der Dienstzeit wird mittlerweile strengstens kontrolliert. Bis vor einigen Jahren gab es noch einige Kollegen, die nach jeder Runde ein Krügerl Bier inhalierten. Entlang der äußeren Landstraßer Hauptstraße, vorbei am Herz-Jesu-Krankenhaus und dem ehemaligen Eos-Kino, wo sich heute eine Kleidersammelstelle befindet, erzählt mir Willi von seine Großmutter aus Trient, von der er das „Genießen" gelernt hat. Er erinnert sich noch an die köstliche Lasagne, die sie ihm immer zubereitete, wenn er sie besuchte. Von ihr hat er auch die Liebe zur italienischen Küche und zu den norditalienischen Rotweinen, die er neben den burgenländischen heiß liebt.

Wir führen unseren baustellenbedingten Zick-Zack-Kurs gezwungenermaßen weiter fort und biegen in die Neulinggasse ein, vorbei an einer grünen Lunge in der Stadt, dem Arenbergpark, wo zwei mächtige Flakabwehrtürme, mahnende Überbleibsel aus dem 2. Weltkrieg, zwischen den schönen Jahrhundertwendehäusern in den Himmel ragen. Jetzt erst fällt mir auf, wie stark sich das Stadtbild geändert hat, seit wir aus der Vorstadt in den dicht bebauten 3. Bezirk gekommen sind. In der idyllischen Meierei beim Eingang des Parks sitzt eine Schar Kinder, die ihr Eis vergnügt lutschen und uns freudig zuwinken. Willi und ich winken, angesteckt von der guten Laune der Kinder, zurück. Unser vinophiler Exkurs hat uns mittlerweile zu den deutschen Rieslingen geführt, die Willi bei einer Mosel-Reise zu schätzen gelernt hat. Ich schwärme ihm gerade von einer 2007er-Spätlese vom Schlossweingut Diehl vor, als uns eine junge Dame, das Handy am Ohr, mit sehr knapp bemessenem Abstand überholt und nur ein paar Zentimeter an den Pferden vorbeischrammt, die ganz kurz erschrecken, um gleich wieder in ihren alten Trott zu verfallen. Willi bleibt ganz cool, die Dame dürfte ihren verkehrstechnischen Fauxpas nicht einmal bemerkt haben. Ich frage Willi, ob ihm die Rösser schon einmal durchgegangen sind. Ein Mal sei ihm das passiert, als auf dem Ring ein Motorradfahrer hinten in die Kutsche reingekracht sei und diese auf die Pferde geschoben hätte. Er hat längere Zeit gebraucht, um nach einer rasanten Fahrt die Rösser wieder in den Griff zu bekommen. Ihm und den Pferden sei glücklicherweise nichts passiert, aber der Motorradfahrer sei bei dem Unfall verletzt worden.

Vorbei geht es an leeren Geschäftslokalen, die mich traurig stimmen, aber mittlerweile in Wien gang und gäbe sind. Vor einigen Jahren war dieses gutbürgerliche Grätzel ein prosperierendes Viertel. Heute ist hier vieles verwaist und verlassen. Willi meint zu Recht, es sei mittlerweile egal, ob man sich in Paris, Istanbul oder Wien befindet, überall sind nur noch dieselben Kaufhausketten vorzufinden. Die individuellen, kleinen Geschäfte, die den Reiz einer Stadt ausmachen, sind dank der vorherrschenden, an den Großkonzernen ausgerichteten Wirtschaftspolitik, leider am Verschwinden und werden bald ganz ausgestorben sein. Willi spricht mir aus der Seele. Aus einer Seitengasse biegt ein jüngerer Kollege mit seinem Pferdefuhrwerk ein, er ist ebenfalls auf dem Weg zu seinem Stehplatz in der City. Sein „Servas, Willi!" erschallt, als ihn dieser vor sich in den Verkehr einfädeln lässt, und die trabenden Rösser sind bald außer Sicht. Er scheint es viel eiliger zu haben als wir. Willi darf laut Magistratsverordnung erst um zehn Uhr in der Stadt sein. Allerspätestens um 22 Uhr muss er sich dann laut derselben Verordnung wieder auf den Rückweg machen.

Wir verstricken uns immer mehr in kulinarischen Fachsimpeleien und schwärmen von unseren derzeitigen Lieblings-Japanern und Lieblings-Italienern (Willi hat da einige

Tipps parat), gelangen in den Verkehrsstrom am Schwarzenbergplatz, ziehen vorbei an der französischen Botschaft und am Palais Schwarzenberg, das man gerade in ein Kasino umbauen will, auf den Ring und werden dort von der Polizei wegen einer temporären Umleitung – die wie vielte war das wohl heute? – wieder in die Kärntner Straße geleitet. Vorbei an der Oper links und dem Hotel Sacher rechts passieren wir die Albertina und das Hrdlicka-Denkmal, bis wir in der Tegethoffstraße landen und freundlich-grantig von den vor der Tür stehenden Kellnern des Café Tirolerhofs gegrüßt werden. Ich frage Willi, was er eigentlich macht, wenn der Ring für Demonstrationen oder Kundgebungen gesperrt ist. Er habe dann seine eigene Trickrunde mit Schleichwegen und für Wienkenner biete er auch eine besondere Runde an, die thematisch etwas mehr in die Tiefe geht als die normale Fahrt.

Vorbei an der düster wirkenden Statue des Marco d'Aviano (siehe auch S. 26) gelangen wir über die malerische Stallburggasse zum eigentlichen Ziel unserer Fahrt. Die Touristenströme ziehen hier zu den Lipizzanerstallungen, in die Hofburg oder in Richtung des noblen Kohlmarkts. Wir werden einige Male fotografiert, bevor wir schließlich und endlich das Ziel unserer Reise erreichen, den Michaelerplatz, wo Touristengruppen aus allen Ecken der Welt kommend (Wien ist ja das Zentrum der Welt!) zusammenströmen, weil sich Wien hier in seiner ganzen Pracht zeigt. Ein paar Meter vor dem Ziel überfahren wir noch fast einen amerikanischen Touristen, der ohne zu schauen plötzlich vor uns auf die Straße steigt und von seiner Partnerin in einer Reflexbewegung auf den Gehsteig zurückgezerrt wird, bevor er uns unter die Hufe und Räder kommen kann. Mir bleibt das Herz stehen, aber Willi hat anscheinend Nerven aus Stahl – die braucht er in seinem Beruf wahrscheinlich auch. Denn während ich mich in dem tosenden Menschengewühl auf dem Platz händeschüttelnd von

Die Ruhe vor dem großen Ansturm

ihm verabschiede und ihm alles Gute wünsche, beginnt sein Arbeitstag gerade erst.

Als ich mich umdrehe, steht schon eine Touristenfamilie bei seiner Kutsche und lässt sich mit ihr ablichten, während er sich bereits seinen Kollegen zugewandt hat, um die Neuigkeiten des Tages auszutauschen. Denn durch das Warten und Schmähführen, hat er mir vorher noch mit verschwörerischer Miene verraten, kennen sich die Kollegen untereinander wie eine große Familie und wenn jemandem etwas Erzählenswertes zugestoßen ist, dann breitet sich die Nachricht gleich einem Lauffeuer unter den Kutschern aus. „Wir tratschen halt alle gerne, typisch wienerisch halt".

FIAKER WILLI WIEN – Wilhelm Wipplinger
Tel.: +43 (0)699 / 181 29 505
Auf Wunsch auch Fahrten über den Zentralfriedhof

Zwei empfehlenswerte Rastplätze

Schloss Concordia
Simmeringer Hauptstraße 283, 1110 Wien, Tel.: +43 1 769 88 88
Öffnungszeiten: Mo–Sa 10–24 Uhr, So 10–23 Uhr
Dieses romantische Kleinod, das sich gegenüber dem Zentralfriedhof befindet, ist zwar längst kein Geheimtipp mehr, hat aber im Laufe der Jahrzehnte nichts an Atmosphäre und Faszination eingebüßt. Bis 14 Uhr kann man hier frühstücken und bei den angebotenen Schnitzelvariationen wird jeder schnell fündig.

Gasthaus Reinthaler
Gluckgasse 5, 1010 Wien, Tel.: +43 1 512 33 66
Öffnungszeiten: Mo–Fr 9–23 Uhr (Feiertag geschlossen)
Eines der letzten Altwiener Beisln mit unverfälschter Beislküche im ersten Bezirk, unweit der Albertina. Hier trifft man auf ein bunt gemischtes Publikum. Auch einige Fiaker verkehren hier. Frühstück wird bis 11 Uhr serviert. Im Sommer kann man auch im Schanigarten vor dem Lokal sitzen.

Der romantische Gastgarten des Schloss Concordia

Rezept

Leider nur mehr selten ist dieses Wiener Gericht auf den heimischen Speisekarten zu finden. Wenn es allerdings angeboten wird, sollte man zugreifen.

ALT-WIENER BACKFLEISCH MIT LAUWARMEM ERDÄPFELSALAT

Zutaten (für 4 Personen)

Backfleisch
4 Beiriedschnitzel, etwa 1 cm dick
Mehl, 2 große Eier und
  Brösel zum Panieren
Kremser Senf
geriebener Kren
Salz und Pfeffer
Butterschmalz

Erdäpfelsalat
500 g speckige Erdäpfel
fein geschnittene,
  rote Zwiebel
Sonnenblumenöl
Rotweinessig
1/8 l Rindsuppe
Estragon-Senf
Salz und Pfeffer

Zubereitung

Die Beiriedschnitzel salzen und pfeffern, mit Senf und Kren einreiben. Durch das Mehl, die Eier und die Brösel ziehen und auf jeder Seite etwa 3 Minuten in Butterschmalz schwimmend goldgelb ausbacken. Auf Küchenkrepp gut abtropfen lassen.

Die gewaschenen Erdäpfel mit der Schale im Salzwasser weichkochen und anschließend schälen. Die feingeschnittene Zwiebel in der der Rindsuppe aufkochen lassen. Mit Essig, Öl, Senf, Salz und Pfeffer eine Marinade rühren. Die noch heißen Erdäpfel in Scheiben schneiden mit der Zwiebel-Suppen-Mischung und mit der Marinade übergießen. Evtl. mit Salz und Pfeffer noch einmal abschmecken und lauwarm zum Backfleisch servieren.

Weintipp
Riesling „Alte Reben", Weingut Christ, Jedlersdorf, Wien

Glossar

Achterl	ein Achtelliter Wein
Bassena	am Gang befindlicher Wasserhahn; Kommunikationszentrum der Wiener, bevor die Wohnungen eigene Wasseranschlüsse hatten
Bierstangerl	salziges Kümmelgebäck, das zum Bier genossen wurde
Bratlfettnbrot	üppiger Aufstrich aus gestocktem Bratenfett, der gerne beim Heurigen genossen wird
Bummerl	Verlustpunkt beim Kartenspiel
Doppler	klassische Weinflasche mit zwei Liter Fassungsvermögen
Erdäpfel	Kartoffel
Grammeln	Grieben
granteln	mürrisch sein
Grätzel	Viertel oder Teil eines Wohnbezirkes
Häferl	Tasse; auch kleines Kochgeschirr oder cholerischer Mensch
Hieb	Bezirk
Karten pracken	Karten spielen
Kieberer	Polizist
Kracherl	Limonade, meist in einer Bügelverschlussflasche
Krügerl	großes Bierglas mit 0,5 l Volumen; wird in Wien im Sommer auch scherzhaft zur Temperaturangabe verwendet („21 Krügerl im Schatten")
Maresi	Kondensmilchsorte
Marterl	Bildstock aus Holz oder Stein
Mordsgaudi	großer Spaß

Paradeiser	Tomate
Piefke	abfällige Bezeichnung für deutsche Staatsbürger
Polnische	geräucherte Brühwurst aus Rind- oder Schweinefleisch
Schaffel	kleine Wanne; früher aus Holz oder Metall, heute meist aus Plastik
Schmäh führen	wienerische Art des Sprücheklopfens
Schmankerl	Spezialität
Seidl	kleines Bierglas mit 0,3 l Volumen
sekkieren	quälen, necken
Strizzi	Strolch, Lausbub, Zuhälter
Trägerleiberl	Tank Top
Tschick	Zigarette
Tschinkerln	mit Marillenmarmelade gefüllte Palatschinken
Tschopperlwasser	alkoholfreies Getränk, Limonade

„Najo, so wort ma halt, ned, was no wird,
wias kummt,
wias weitergeht,
wos si obspült."
– Helmut Qualtinger, *Der Herr Karl*

… wias weitergeht:

Die Donaubezirke sind erkundet – in Band II von **Wien abseits der Pfade** spaziert Wolfgang Salomon durch Wien-West und die Innenbezirke. Kommen Sie mit und entdecken Sie, welche Kuriositäten und unbekannten Schönheiten sich jenseits der touristischen Hotspots verbergen!

Wolfgang Salomon: Wien abseits der Pfade Band II. Eine etwas andere Reise durch die Stadt der Musik. Braumüller 2015, € 14,90, ISBN 978-3-99100-136-2